CORSO

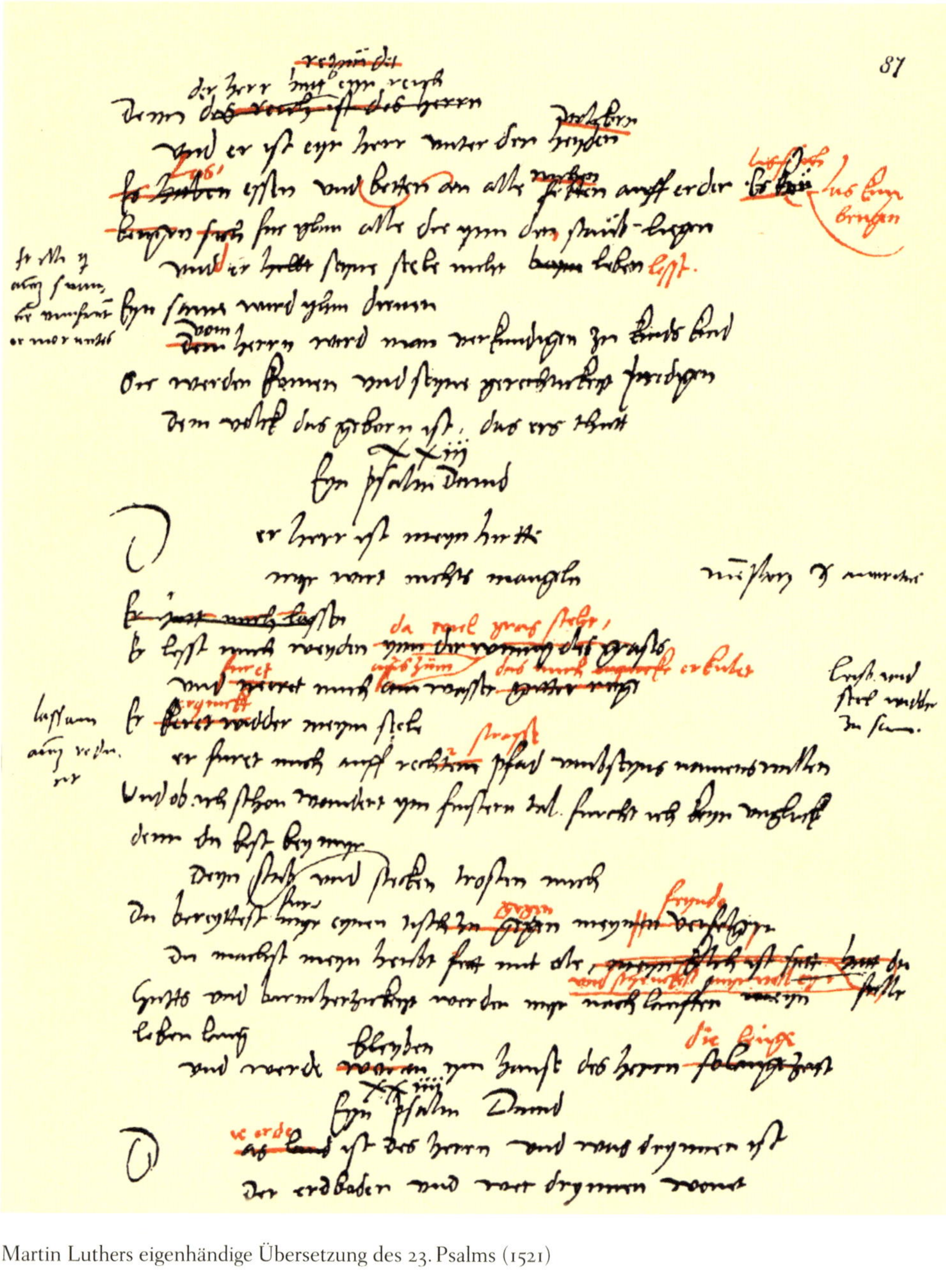

Martin Luthers eigenhändige Übersetzung des 23. Psalms (1521)

KAREN MICHELS

Martin Luther – die Lektionen der Straße

Wie die Welt
das Denken des Reformators
veränderte

CORSO

Die Lutherrose war ab 1530 Martin Luthers Briefsiegel. Heute ist sie ein Symbol der evangelisch-lutherischen Kirche, Holzschnitt 1523

INHALT

Biblia/das ist/ die
gantze Heilige Sch=
rifft Deudsch.
Mart. Luth.
Wittemberg.
Begnadet mit Kür=
furstlicher zu Sachsen
freiheit.
Gedruckt durch Hans Lufft.
M. D. XXXIIII.

VORWORT

Kreatives Reisen

Er war ein junger Mann auf Sinnsuche. Das Jurastudium mit Aussicht auf eine »bürgerliche Karriere« hatte er 1505 nach nur zehn Wochen abgebrochen, der Vater war entsetzt. Stattdessen beschloss er, die Unruhe in sich ernst zu nehmen. Er gab eine Abschiedsparty für seine Freunde, ohne ihnen zu verraten, warum. Dann trat er ins Kloster ein, wurde Mönch. Er zog die normale Kleidung aus, legte die Kutte an, ließ sich den Hinterkopf kahl scheren und überantwortete sich und sein Seelenheil dem Orden. Nicht irgendeinem Orden, sondern den Augustiner-Eremitenbrüdern.

Augustinus war der Philosoph unter den Kirchenvätern, und auch er hatte infolge einer körperlichen und seelischen Krise seinen Beruf (als Professor für Rhetorik) aufgegeben. Im radikalen Wechsel der Lebensausrichtung und als Autor von mehr als hundert Büchern mag er dem Vielschreiber Luther Vorbild gewesen sein. Seine Berufung nahm »Bruder Martinus«, wie er jetzt hieß, ernst. Er studierte mit Feuereifer und oft bis an seine physischen Grenzen, fastete, befolgte die Klosterregeln übergenau. Er wollte den Geist reinigen, den Sinn des Lebens erfassen, Gott näher kommen – und litt dabei an sich selbst, an depressiven Schüben, an quälenden Selbstzweifeln. Mit seiner Intensität ging er den Mit-

Titelholzschnitt (1520) mit Luther als Augustinermönch nach Lucas Cranach dem Älteren (1472–1553)

gegenüber:
Titelseite der ersten Vollbibel mit einem kolorierten Holzschnitt (1534) aus der Cranach-Werkstatt

Wir haben dieses Buch soweit als möglich zeitgenössisch illustriert – hier und da sind wir allerdings Luthers Zeit doch etwas voraus.

brüdern auf die Nerven. Aber die aktive Aneignung der Ordensregeln und sein erfolgreiches Theologiestudium brachten ihn weiter, er wurde schnell befördert – und war ab 1515 ständig unterwegs. Schon die Erkenntnis, dass er sein Leben von Grund auf neu gestalten müsse, hatte ihn auf einer Reise überfallen, auf dem Rückweg von einem Besuch bei den Eltern.

Zunächst schickte man ihn im Ordensauftrag nach Rom. Dann beaufsichtigte er von Erfurt aus als Distriktsvikar elf Konvente, darunter Dresden, Gotha, Coburg, Magdeburg; pendelte als Professor zwischen Wittenberg und Erfurt. Offizielle Vorladungen führten ihn nach Worms, nach Augsburg. Zum Reichstag ging es auf die Veste Coburg; im Dienst der neuen Kirche und seiner Landesherren in die Umgebung: zu Fuß, zu Pferd, in öffentlichen Landkutschen, in den großen Wagen der Klöster oder auch, seltener, in den komfortableren, gepolsterten Karossen des kurfürstlichen Hofes.

Aus der Distanz betrachtet ergeben die Bewegungen in Luthers Leben ein Muster. Im ersten Drittel ist – neben einer Reihe kleinerer Touren innerhalb Kursachsens – die Pilgerfahrt nach Rom als erste und einzige Auslandsreise das prägende, intensive Erlebnis. Darauf folgen vier Fahrten in bedeutende deutsche Städte. Sie sind sämtlich motiviert durch die aufkommende Unruhe im Leben des nun als Kritiker bekannt werdenden Mönches und dienen der Klärung seines Verhältnisses zur Institution Kirche. Nach einer Zäsur, der produktiven Auszeit auf der Wartburg, ist das letzte Lebensdrittel durch eine Folge fast hektischer Bewegungen innerhalb eines scharf umrissenen Territoriums bestimmt, die dem Aufbau der neuen kirchlichen Organisation geschuldet sind. Noch der Tod schließlich ereilt ihn auf einer Reise.

In der Zwischenzeit hatte Luther selbst eine extreme Kehrtwendung durchgemacht: vom fanatischen Mönch zum liebevollen Ehemann, der die Briefe an seine Frau Katharina mit »Dein Herzliebchen« unterschreibt. Vom Intellektuellen und Professor für Theologie zum rustikalen Prediger und Polterer. Vom depressiven Zweifler zum unerschrockenen Hausmann, der sich von der Mutter seiner Kinder zum Windelwechseln einteilen lässt. Vom gehorsamen Katholiken zum unabhängigen Denker, der in seiner gleichnamigen Schrift die *»Freiheit eines Christenmenschen«* beschwört. Hat die Begegnung mit der Fremde, hat die physische Mobilität auch eine geistige Beweglichkeit erzeugt?

Reisen bildet, sagt der Volksmund zumindest. Was hat Luther bewusst erlebt, was erschien ihm bemerkenswert – und wo lassen sich in seinem Werk Spuren dieser Reiseeindrücke erkennen? Aus heutiger Sicht erscheint seine Wahrnehmung merkwürdig selektiv. Luther war zwar ständig unterwegs – aber er war kein Tourist. Die häufigen Ortswechsel dienten ausschließlich dazu, von A nach B zu gelangen. Ästhetische Erlebnisse nahm er während der Reisen kaum wahr. Die künstlerische Qualität von Bauten und Bildern interessierte ihn wenig.

Zwar ist das nicht ungewöhnlich für seine Zeit: Der auf visuelle Genusserlebnisse ausgerichtete »touristische Blick« entwickelte sich erst in viel späteren Epochen. Doch lassen sich auch Gegenbeispiele anführen: So hat der Zeitgenosse Albrecht Dürer – der Luther sehr schätzte – auf seinen Reisen nach Italien und in die Niederlande etwa an der Antwerpener Liebfrauenkirche »köstlich Steinwerk und sonderlich einen hübschen Turm«[1] bemerkt. Luther dagegen denkt pragmatisch: lobt die sicheren Wege in der Schweiz, die Freundlichkeit und Dienstbeflissenheit ihrer Bewohner, bewundert die Nüchternheit der Italiener beim Trinken und die Leistungen der römischen Polizei. Und dennoch gibt es, wenn man die von den Wittenberger Tischgenossen aufgezeichneten Erzählungen und seine brieflichen Berichte zugrunde legt, viele Anzeichen dafür, dass ihn das unterwegs Gesehene und Gehörte geformt und geprägt hat, dass er seine Beobachtungen ernst genommen und aus ihnen sein Weltbild geformt hat.

Bekanntestes Beispiel für diese »Lektionen der Straße« ist die für das »Volk« angefertigte Bibelübersetzung. Wie die ungebildeten Leute sprachen und dachten, wie man sie gewinnen und bei der Stange halten konnte, das hat Luther nicht in der stillen Bibliothek eines Klosters gelernt. Die wochenlangen Wanderungen auf den Straßen des Reichs, die Übernachtungen in einfachen Gasthäusern, der Kontakt mit der Bevölkerung auf dem Land haben in Luther besondere Fähigkeiten wachgerufen. In mitreißenden Predigten und zahlreichen auf Deutsch veröffentlichten Schriften ist es ihm durch plastische Formulierungen von großer Überzeugungskraft gelungen, »die Leute dort abzuholen, wo sie stehen«.

Ohne die Reisen, ohne die persönliche Begegnung mit der römischen Kurie, mit Machtmissbrauch und Oberflächlichkeit, ohne die politische Demonstration vor Kaiser Karl V. und die Isolation auf der Wartburg wäre die Geschichte der Reformation anders verlaufen. Luthers Erfahrungen, sein wacher Blick, seine Phantasie, sein kreativer Umgang mit dem Erlebten, der unmittelbare Kontakt mit den Leuten auf der Straße und in der Stadt, mit unbekannten Lebens- und Denkgewohnheiten, mit anderen Wohnformen, mit fremden Pflanzen, mit Naturereignissen, wurden zu Katalysatoren einer mit ungeheurer Energie und Zähigkeit betriebenen Reformbemühung, die schließlich (und damit hätte Luther als Letzter gerechnet) in die Gründung einer neuen Kirche mündete.

Welche Fragen hat er an seine Umgebung gerichtet, welche Details hat er aus dem Gesamtbild herausgelöst, welche Beobachtungen hat er produktiv verwandelt? Dieses Buch ist entstanden aus der Begegnung mit jenen Orten, die Luther gesehen oder in denen er gelebt hat, und der Erfahrung, dass sich sein Werk und seine Persönlichkeit besser verstehen lassen, wenn man direkt seine Fährte aufnimmt: in Erfurt und Torgau, in Rom oder Schmalkalden.

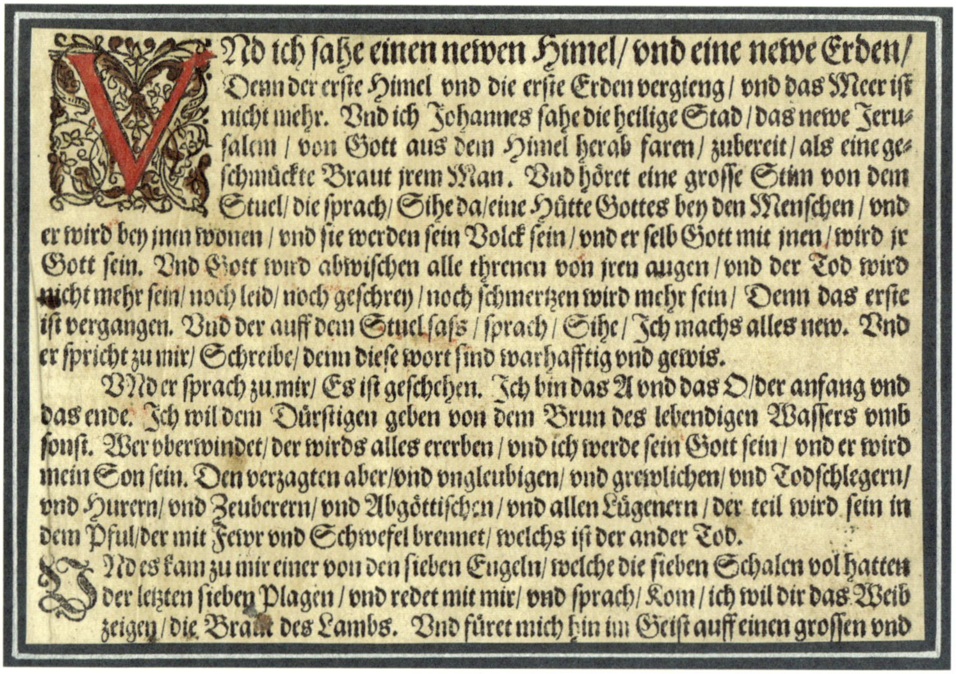
VNd ich sahe einen newen Himel/ vnd eine newe Erden/
Denn der erste Himel vnd die erste Erden vergieng/ vnd das Meer ist
nicht mehr. Vnd ich Johannes sahe die heilige Stad/ das newe Jeru-
salem/ von Gott aus dem Himel herab faren/ zubereit/ als eine ge-
schmückte Braut jrem Man. Vnd höret eine grosse Stim von dem
Stuel/ die sprach/ Sihe da/ eine Hütte Gottes bey den Menschen/ vnd
er wird bey jnen wonen/ vnd sie werden sein Volck sein/ vnd er selb Gott mit jnen/ wird jr
Gott sein. Vnd Gott wird abwischen alle threnen von jren augen/ vnd der Tod wird
nicht mehr sein/ noch leid/ noch geschrey/ noch schmertzen wird mehr sein/ Denn das erste
ist vergangen. Vnd der auff dem Stuel sass/ sprach/ Sihe/ Jch machs alles new. Vnd
er spricht zu mir/ Schreibe/ denn diese wort sind warhafftig vnd gewis.
VNd er sprach zu mir/ Es ist geschehen. Jch bin das A vnd das O/ der anfang vnd
das ende. Jch wil dem Dürstigen geben von dem Brun des lebendigen Wassers vmb
sonst. Wer vberwindet/ der wirds alles ererben/ vnd ich werde sein Gott sein/ vnd er wird
mein Son sein. Den verzagten aber/ vnd vngleubigen/ vnd grewlichen/ vnd Todschlegern/
vnd Hurern/ vnd Zeuberern/ vnd Abgöttischen/ vnd allen Lügenern/ der teil wird sein in
dem Pful/ der mit Fewr vnd Schwefel brennet/ welchs ist der ander Tod.
VNd es kam zu mir einer von den sieben Engeln/ welche die sieben Schalen vol hatten
der letzten sieben Plagen/ vnd redet mit mir/ vnd sprach/ Kom/ ich wil dir das Weib
zeigen/ die Braut des Lambs. Vnd füret mich hin im Geist auff einen grossen vnd

»VND ich sahe einen newen Himel/ vnd eine newe Erden«, Lutherbibel gedruckt von Hans Lufft, 1540; Auszug aus der »Offenbarung des Johannes« (21,1–9)

DER WEG IN EIN NEUES LEBEN:

Von Eisleben über Stotternheim nach Erfurt

Luther wurde als »Martin Luder« 1483 in Eisleben geboren, verbrachte aber seine ersten Lebensjahre in Mansfeld. Von 1497 bis 1501 besuchte er die Lateinschule in Eisenach und begann danach, auf Wunsch des Vaters, das Studium der »Artes Liberales« in Erfurt: Damals mit etwa 20.000 Einwohnern die sechstgrößte Stadt im Reich, mit einer bedeutenden, 1392 gegründeten Universität. Er wohnte, so nimmt man heute an, in einer Art Studentenwohnheim, in der »Georgenburse«. Das lag in der Augustinerstraße und damit in unmittelbarer Nähe des Klosters, in das er 1505 zur Überraschung seiner gesamten Umgebung eintreten sollte. Im gleichen Jahr hatte er als Zweitbester von 17 Bewerbern die Prüfung zum »Magister Artium« abgelegt und danach, im Mai, dem Wunsch des Vaters entsprechend ein Jurastudium begonnen.

Luther hat selbst geschildert, wie ihn am 2. Juli 1505 auf freiem Feld kurz vor Erfurt, bei Stotternheim, ein Gewitter überraschte, ihn in Todesangst versetzte und er, unter dem Eindruck von Blitz und Donner, ein Gelübde ablegte: Wenn er errettet würde, wolle er ein Mönch werden. Nun mag sich die Geschichte genau so zugetragen haben. Gleichzeitig ähnelt sie allzu sehr der Legende von der Berufung des Saulus, der, von einem »Licht vom Himmel« geblendet, vom Pferd fiel und durch eine visionäre Begegnung mit Jesus zum Paulus wurde, dass man sich fragt, ob Luther zur Erklärung seines Tuns nicht doch ein eingängiges Muster verwendet, die Geschichte seiner Berufung stilisiert hat. Sie diente zunächst der notwendigen Legitimation dem Vater gegenüber, der in die juristische Karriere seines Sohnes bereits einiges investiert hatte und plante, diese durch eine profitable Heirat abzurunden. Nicht er selbst also habe sich entschieden, dieses Leben aufzugeben, sondern Gott habe ihn berufen – so wird Luther später immer wieder betonen. Sein Gelübde sei »erzwungen und erdrungen«[2] gewesen. Am 17. Juli 1505 trat er ins Kloster ein.

Die Augustiner-Eremiten waren ein Bettelorden, der sich – sein Name könnte anderes erwarten lassen – in den Städten angesiedelt hatte, das Ideal der Armut und urchristlichen Brüderlichkeit pflegte und Wert auf gute Ausbildung seiner Mitglieder und auf Bibelstudien legte.

Ihr in der Stadt gelegenes, großes Kloster wurde zu Luthers neuem Zuhause. Als Novize wohnte er im Gästehaus, später in einer der im Obergeschoss liegenden Zellen. Die Priesterweihe empfing Luther in einem der eindrucksvollsten Gotteshäuser Nordeuropas, dem Erfurter Dom. An der ersten selbst gelesenen Messe in der Klosterkirche nahmen auch seine Eltern teil; der Vater lud aus diesem Anlass am 2. Mai 1507 zwanzig Verwandte und Freunde zu einem Festessen in das Refektorium des Klosters ein.

Im geschützten Bereich mittelalterlicher Mauern, in der reich ausgestatteten Klosterbibliothek, begann Luther eine theologische Laufbahn. Sein intensives, ungewöhnliches Erkenntnisinteresse wurde bald von seinen Vorgesetzen wahrgenommen. Johann von Staupitz, Ordensfunktionär und Gründungsdekan der Theologischen Fakultät zu Wittenberg, wurde zu Luthers Beichtvater und Mentor. Er holte den jungen Magister 1508 zu Lehrveranstaltungen über die Ethik des Aristoteles an seine Universität. Vier Jahre später machte er den frisch promovierten Kollegen zu seinem Nachfolger auf der Professur für Biblische Theologie. Wittenberg war damals ein unbedeutendes Provinznest mit höchstens 3000 Einwohnern; das Augustinerkloster befand sich, als Luther dort einzog, noch im Bau. Dass dieser seine ehrwürdige, inmitten einer bedeutenden Universitätsstadt gelegene Heimstätte und damit die Sphäre traditionsreicher Gelehrsamkeit nur ungern verließ, lässt sich noch heute bei einem Besuch des idyllischen Erfurter Gebäudekomplexes nachvollziehen. Was hat er von hier mitgenommen? Seine breite humanistische Bildung; dazu das durch die Lektüre der Schriften des Augustinus vermittelte Interesse an der Bibel, die damals auch von Ordensleuten nur selten gelesen wurde. Die Kenntnis der Werke des Bernhard von Clairvaux und dessen Überzeugung, dass man vor allem über das Bild des gekreuzigten Christus zu Gott finde. Wohl auch das Bild der Rose, die im »Löwen- und Papageienfenster« der gotischen Klosterkirche zu sehen ist. Aus ihr entwickelte Luther sein berühmtes Signet, die Lutherrose, die er seit 1530 als Siegel für den Briefverkehr verwendete.

GRANATÄPFEL, ZITRONENBÄUME UND ÜPPIGE TÄLER:

Von Nürnberg nach Oberitalien

Als Mönch entscheidet man nicht über sich selbst. Reisen sind Dienstreisen. So auch Luthers Romreise: Im Augustiner-Eremiten-Orden hatte es seit Längerem Streit gegeben. Es gab Klöster, die eine Lockerung der strengen Ordensregeln befürworteten, etwa den Brüdern an Feiertagen den Genuss von Fleisch erlauben wollten. Andere – und dazu gehörte Luthers Erfurter Kloster – waren strikt dagegen. Zur Ausarbeitung eines Kompromisses berief man Ende 1510 in Nürnberg eine Konferenz ein, zu der Luther von Erfurt aus entsandt wurde. So recht einigen konnte man sich auf dieser Konferenz nicht, und schließlich sollte der Papst entscheiden. Die Erlaubnis jedoch, an den Pontifex Maximus zu appellieren, musste der in Rom residierende Ordensgeneral erteilen; ihm hatte man ein solches Anliegen persönlich vorzugetragen. Aus den Klöstern Nürnberg und Erfurt wurden zwei Unterhändler entsandt: ein älterer Augustiner, der schon einmal in Rom gewesen war, und der 27-jährige Bruder Martinus.

Luther, der bisher nicht über Mitteldeutschland hinausgelangt war, sah in der Reise weniger die Chance zur Horizonterweiterung als vielmehr die Möglichkeit zur geistlichen Vervollkommnung. Eine (erneute)

»Generalbeichte« wollte er in Rom ablegen, mit der die Sünden seines gesamten bisherigen Lebens getilgt werden würden. Damit und mit dem Besuch der heiligen Stätten in Rom hoffte er, »Ruhe und Trost« für sein über Gebühr zerquältes Gewissen zu finden.

Im November 1510 also traten die beiden Augustiner, versehen mit 10 Goldgulden, den langen Weg nach Rom an. Keine gesellige Wandertour lag vor ihnen, sondern eine Folge anstrengender Fußmärsche, die, der Ordensregel entsprechend, schweigend verlaufen mussten. Auch hatte man die Augen niederzuschlagen und hintereinander, nicht nebeneinander zu gehen. Was Übernachtung und Verpflegung betraf, konnten die beiden Reisenden in den meisten Fällen auf das europaweite Klosternetzwerk zurückgreifen. Wo immer es ging, verbrachte man die Nacht in den Häusern des eigenen Ordens.

Überhaupt, wie fand man damals den Weg? Seit dem frühen Mittelalter waren die Wallfahrer in ganz Europa auf den großen Handelswegen unterwegs. Zum Heiligen Jahr 1500 aber hatte der Nürnberger Drucker Erhard Etzlaub eine topographisch recht genaue Romwegkarte herausgegeben, von der sich auch die Entfernungen zwischen den einzelnen Orten ablesen ließen – es ist wahrscheinlich, dass sich die beiden Mönche an dieser Karte orientierten, als es um die Festlegung der Route ging. Insgesamt sollte die Reise etwa zwei Monate dauern.

Nach zwei Tagen erreichten die beiden Mönche Ulm, dessen gewaltiges, in großartiger Spätgotik errichtetes Münster noch den heutigen Reisenden in Stau-

Gesamtansicht von Ulm, Holzschnitt, Basel 1544.

nen versetzt.[3] Nicht so Luther. Ihm nötigte der immerhin 22.000 Gläubige fassende Bau nicht Bewunderung, sondern Kritik ab: Die Predigt war nicht zu verstehen! Luthers wenig enthusiastische Reaktion liest sich wie das typische Granteln eines deutschen Kulturbanausen. Und doch wirft sie weite Schatten voraus: In seiner Beobachtung liegt bereits der Keim zu einem der Hauptanliegen des evangelischen Reformgedankens, nämlich die Konzentration auf das Wort Gottes und die demokratische Idee, dass dieses Wort allen Gläubigen gleichermaßen zugänglich gemacht werden müsse. »Nicht das laute Brüllen und Schreien der Chorsänger«, so hat Luther später geäußert, sei »Endzweck der Kirchen, sondern das Wort Gottes und seine Predigt. St. Peters Münster in Rom, die Kirchen zu Köln und Ulm sind sehr groß und unzweckmäßig.«[4] Das Ulmer Münster war der bisher größte Sakralbau, den Luther kennengelernt hatte. Der hier am eigenen Leibe erfahrene Mangel sollte – produktiv verwandelt – später die Sakralarchitektur weiter Teile Europas verändern.

»Feine, mäßig große Kirchen mit niedrigen Gewölben«[5] empfahl Luther als die bessere Alternative. Nicht überall ließ sich diese Vorstellung umsetzen. Dort, wo die bestehenden Kirchenbauten aus Geldmangel übernommen werden mussten, trennte man meist den Hochchor ab und organisierte das Kirchengestühl um die ins Hauptschiff versetzte Kanzel herum. In Radikalisierung dieses Gedankens entstanden, zunächst vor allem in den Niederlanden, wo immer man es sich leisten konnte, Bauten von gleichmäßigem Radius, in denen die Predigt von allen Plätzen aus gut zu hören war. Die beiden großen protestantischen Kirchenneubauten in Deutschland, die Dresdner Frauenkirche und die Hamburger Hauptkirche St. Michaelis mit ihren theatermäßig vorspringenden Logenreihen, sind solche Zentralbauten. Auch sie verdanken ihre Form dem neuen Vorrang der Wortverständlichkeit vor dem Vollzug des Mysteriums.

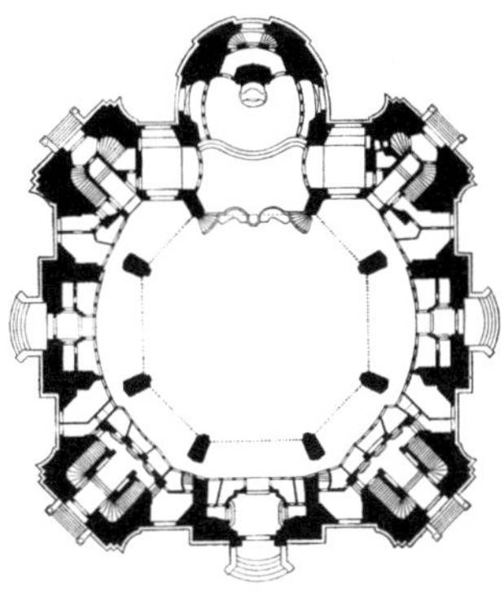

Grundriss der Dresdner Frauenkirche

Das Ulmer Münster gilt heute übrigens als größter protestantischer Kirchenbau der Welt, nachdem sich die Bürger der Stadt in einem Volksentscheid im November 1530 der neuen lutherischen Lehre angeschlossen hatten. Im Jahr darauf wurden in einem heftigen Bildersturm fast alle Altäre der Kirche zerstört.

Durch das Allgäu und über den berüchtigten Septimerpass ging es weiter. In der Schweiz erlebt Luther zum ersten Mal eine Landschaft, die sich gravierend von seinem bisherigen Lebensraum unterscheidet.

Noch aus den wenigen überlieferten Bemerkungen gewinnt man den Eindruck, er habe damals alle

Sensoren benutzt, um die Erscheinungsformen des Fremden in sich aufzunehmen. Zunächst die Landschaft: Die Schweiz sei, so seine Erinnerung, an sich eine physische Strapaze, »nicht mehr denn Berg und Tal« und deshalb, wie auch Bayern, unfruchtbar – also nicht zur Bewirtschaftung geeignet: »Bavaria et Helvetica steriles sunt, sed bene edificatae«[6], wird er sich später erinnern. Wie aus vielen anderen Äußerungen wird auch hier deutlich: Luther kam vom Lande. »Ich bin ein Bauernsohn; der Urgroßvater, mein Großvater, der Vater sind richtige Bauern gewesen.«[7] Heute weiß man, dass der Vater als Kleinunternehmer im Kupferbergbau erfolgreich war, und man fragt sich, ob Luther eine Selbststilisierung »nach unten« betrieben hat. Als man den Schutt unter Luthers Mansfelder Elternhaus ausgrub, fand sich »Wohlstandsmüll«: Silbermünzen, filigrane Gläser, Reste üppiger Mahlzeiten. Die interessantesten Stücke sind heute im Hallenser Landesmuseum ausgestellt. Wie dem auch sei – Luthers Blick ist pragmatisch, fokussiert auf wirtschaftliche Effizienz. Auch als Mönch denkt er in Zahlen und Ertragsleistungen.

Die Wege in der Schweiz sind gut und sicher, die Häuser solide gebaut. Ihre Bewohner erscheinen ihm äußerst kräftig, dazu viel fremdenfreundlicher, als er es von zu Hause kennt: »Die ersten unter den Deutschen, lebendig und aufrichtig.«[8]

Auch bemerkt Luther, dass die Schweizer Staatsverfassung eine republikanische ist, »wo viele vom gemeinen Mann regieren« – ein politisches Gebilde also, das auf den Schultern vieler Einzelner ruht. Er bewertet dies nicht, hat damit jedoch zumindest einmal eine funktionierende Alternative zum Feudalismus deutscher Spielart, zur politischen Hierarchie überhaupt, erlebt.

Die ästhetische Wahrnehmung der Alpen ist bekanntermaßen eine Errungenschaft des 18. Jahrhunderts. Zu Luthers Zeiten galt eine Landschaft nur dann als schön, wenn sie »kultiviert« war, also kulturell genutzt wurde. Die beiden Augustinermönche werden vor allem froh gewesen sein, die gefährliche Reiseetappe heil überstanden zu haben. Nach den Fußmärschen durch die schroffe und karge Bergwelt muss ihnen das dahinter liegende Bergell mit seinen ausgedehnten Kastanienwäldern und besonders die Lombardei wie das Gelobte Land erschienen sein. Weinstöcke, Zitronen-, Pfirsich- und Olivenbäume prägten das Bild. Dass diese Pflanzen imstande sind, noch aus dem härtesten Boden herauszuwachsen, hat Luther offenbar bewundert – so sehr, dass er sie später als Bild verwenden wird: Im Psalm 81,17 geht es um die Fürsorge Gottes für sein Volk, die Nachkommen Jakobs. Luther übersetzt die Stelle so: »Er ließ ihn [gemeint ist das Volk Jakobs] hoch herfahren auf Erden und nährete ihn mit den Früchten des Feldes, und ließ ihn Honig saugen aus den Felsen und Öl aus den harten Steinen.«

Der Zitronenbaum dagegen wurde ihm zu einem Bild für Christus selbst: So wie dieser zugleich Blüten und Früchte trägt, sorge Christus im Konflikt um den rechten Glauben stets für Nachschub. Wenn die Lehrer seiner Kirche, so hat Luther gemeint, im Kampfe fallen, hatte Christus schon andere bereitgestellt, die für das Evangelium kämpfen und das Gegengift gegen die Bisse der Natter, die Sünde und den Tod verabreichen.[9] Luther hatte offenbar gehört, dass das Holz des Zitronenbaums gegen Schlangenbisse helfen soll, und diesen Umstand zur Metapher für die Bekämpfung des Teufels ausgebaut, der seit der Verführung Adams und Evas durch die Schlange als »Natter« bezeichnet wurde. Das wahre Evangelium, so Luther, hilft eben wie das Holz des Zitronenbaums gegen Schlangenbisse.

Der hier erkennbare kreative Umgang mit dem Erlebten wird für Luther charakteristisch. Mit wachen Sinnen füllt er auf der Reise seine Gedächtnisspeicher – und befragt sie später immer dann, wenn ein besonderes Bild, ein plastisches Beispiel dazu dienen kann, Gedanken verständlicher zu machen.

Umgekehrt ist seine Wahrnehmung durch die religiöse Sphäre geprägt, die er sich während des Studiums so intensiv angeeignet hatte. Zum Beispiel die »wunderbare Heilung« durch Granatäpfel: Während ihrer Wanderung durch Oberitalien, so berichtet Luther, seien die beiden Mönche einmal durch das »subtile Klima« an einem rätselhaften Fieber erkrankt und, nach dem Verzehr von zwei vom Wirt empfohlenen Granatäpfeln, augenblicklich gesundet. So habe Gott ihnen das Leben erhalten. Selbstverständlich kann sich die Geschichte so zugetragen haben. Dass Luther sie aber als etwas Besonderes in Erinnerung behält und weitergibt, hängt vielleicht mit der symbolischen Bedeutung zusammen, die der Granatapfel seit jeher besitzt: Mit seinen zahlreichen Kernen galt er schon in der Antike als Zeichen der Fruchtbarkeit und der Unsterblichkeit. Das Christentum machte aus der Frucht ein Auferstehungssymbol, das zu Luthers Zeiten – ob als Attribut des Christuskindes oder etwa als Muster eines Brokat-Baldachins über dem Thron der Gottesmutter – ein beliebtes Motiv geworden war. Die Heilung durch Granatäpfel wäre demnach ein Hinweis auf die immerwährende schützende Begleitung der Reise durch die himmlischen Mächte. Vielleicht darf man noch weiter gehen und fragen, ob Luther damit im Rückblick auch die Romreise selbst in einen solchen Vorhersehungs-Kontext stellen wollte: Nur der Umstand, dass er die Missstände des päpstlichen Rom mit eigenen Augen sehen konnte, hätte ihn dann zu seinem reformatorischen Werk motiviert und befähigt.

Auch über die weite, vom Po durchzogene, üppig bewässerte und bebaute Landschaft der Lombardei legt sich ein aus dem biblischen Zusammenhang kommendes Vorstellungsraster: das des Paradieses, und damit eines zum Nutzen des Menschen kultivierten Gartens, der seine Fruchtbarkeit – wie es in Genesis 2,10 beschrieben wird – einem großen Fluss verdankt: »Ein Strom ging von Eden aus, um den Garten zu bewässern, und von dort teilte er sich in vier Arme.« So beschreibt Luther die Lombardei als ein sehr fruchtbares Tal (»vallis fertilissimus«), durchzogen vom lieblichsten aller Flüsse. Den Po benennt er mit seinem aus der antiken Mythologie entlehnten Namen »Eridanus«, seine Breite entspreche der Entfernung »von Wittenberg gen Brathe«[10]. »Die Ernten sind hier üppig, und man braucht nicht ängstlich zu rechnen, ob sie ausreichen, während wir Deutschen zählen müssen, wie viel Scheffel Gerste und Liter Bier das Jahr abwirft.«[11]

MESSELESEN VERBOTEN. DIE REGEL DES HL. AMBROSIUS UND DIE »GRÜNEN DAMEN«:

Mailand und Florenz

Über Como erreichen die beiden Wanderer Mailand. Aus heutiger Sicht würde man vermuten, dass Luther zumindest den prächtigen gotischen Dom und Leonardo da Vincis wenige Jahre zuvor fertiggestelltes »Letztes Abendmahl« gesehen hätte. Beide erwähnt er jedoch später nicht. Er erlebt – den Blick immer aufs Praktische gerichtet – Mailand als eine wohlhabende Stadt, die jährlich eine Million Gulden einbringt. Ihm erscheint sie, in Anlehnung an das Hohe Lied der Bibel, als eine »Braut«[12]. Gleichzeitig beobachtet Luther auch die Schattenseiten des Reichtums: Die immer wieder von schweizerischen und französischen Interessen bedrängte Stadt glei-

Der Dom von Mailand, Kupferstich (1728)

che einem streitsüchtigen Weib, einer »Hadermetze«, um die sich die Bewerber schlügen.[13]

Übernachten können die beiden Mönche in einem der beiden Augustinerklöster der Stadt. Ihre Kirchen – San Marco und Santa Maria dell'Incoronata – sind bis heute erhalten. Als Luther jedoch endlich, in eben einer dieser bedeutenden gotischen Klosterkirchen, eine Messe lesen möchte, wird er zu seiner Überraschung abgewiesen. »[Mir wards] von einem Pfaffen verwehrt und verboten«[14]. Als Deutsche, so stellte sich heraus, sind die Augustiner auf die römische Messordnung verpflichtet. In Mailand liest man die Messe jedoch nach einer anderen, der »ambrosianischen« Regel. Warum ambrosianisch? Der Kirchenvater Ambrosius (339–397) war Mailands wichtigster Heiliger. Heute verbindet man mit ihm meist nur noch eine schöne Legende: Über seiner Wiege soll ein Bienenschwarm erschienen sein, ihm aber nichts Böses getan, sondern ihm Honig auf die Zunge geträufelt haben, woher dem Hl. Ambrosius später eine »honigsüße« Sprache und gewinnende Rhetorik zu eigen gewesen sein soll. Zu seinen beliebtesten Attributen gehört denn auch der Bienenkorb. Weniger bekannt ist seine politische Bedeutung: Als Bischof hatte er in verschiedenen Konflikten mit Kaiser Theodosius I. Zivilcourage bewiesen, entsprechend seiner Überzeugung, dass in religiösen Dingen nicht die weltlichen Machthaber, sondern die kirchlichen Amtsträger zu entscheiden hätten. Als Theodosius bei einer Strafexpedition in die Stadt Thessaloniki im Jahr 390 zunächst versprochen hatte, ihre Einwohner zu schonen, dann aber doch Tausende von Menschen im Zirkus töten ließ, weigerte sich Ambrosius, das Messopfer zu vollziehen, bevor der Kaiser nicht öffentlich Buße getan hatte. Luther hat diese Haltung bewundert: Er erzählt später, wie Ambrosius, »als er von den Feinden aus dem Gotteshaus herausgerufen wurde, ihnen seinen Nacken entgegentrug und stand wie eine Säule: ›hier stehe ich‹. Er ist ein lebendiger Geist gewesen und hat einen feinen kecken Mut und Geist gehabt.«[15]

»Hier stehe ich« – Ambrosius' Worte erinnern nicht zufällig an jene berühmten Worte, mit denen Luther auf dem Reichstag in Worms einen Schlussstrich unter seine Unterredung mit Kaiser Karl V. gezogen hat. Zwar verweist man den Satz heute ins Reich der Legenden. Es ist aber doch bezeichnend, dass man Luthers widerspenstige Haltung dem Kaiser gegenüber mit einer Formulierung zugespitzt hat, die der Hl. Ambrosius seinerseits dem wichtigsten Vertreter der weltlichen Macht entgegengehalten hatte. Ambrosius wird Luther überhaupt nahegestanden haben; schließlich hatte sich der von ihm als geistlicher Vordenker hochgeschätzte Augustinus von dem Mailänder Bischof überzeugen und taufen lassen. Den von Ambrosius gedichteten Adventshymnus jedenfalls, »Veni redemptor gentium«, hat Luther später übersetzt, vertont und zu einem Choral gemacht: »Nun komm, der Heiden Heiland.«

Die von Ambrosius eingerichtete Liturgie also war es, die Luther in Mailand an der Ausübung seiner geistlichen Pflicht hinderte. Zwar ärgerte er sich; gleichzeitig konnte er aus dem

Nun komm, der Heiden Heiland (1524)

Nun komm, der Heiden Heiland,
Der Jungfrauen Kind erkannt!
Dass sich wundre alle Welt,
Gott solch' Geburt ihm bestellt.

Nicht von Mann's Blut noch von Fleisch,
Allein von dem Heil'gen Geist
Ist Gott's Wort worden ein Mensch
Und blüht ein' Frucht Weibesfleisch.

Der Jungfrau Leib schwanger ward,
Doch blieb Keuschheit rein bewahrt,
Leucht't hervor manch' Tugend schön,
Gott da war in seinem Thron.

Er ging aus der Kammer sein,
Dem kön'glichen Saal so rein,
Gott von Art und Mensch ein Held,
Sein'n Weg er zu laufen eilt.

Sein Lauf kam vom Vater her
Und kehrt' wieder zum Vater,
Fuhr hinunter zu der Höll'
Und wieder zu Gottes Stuhl.

Der du bist dem Vater gleich,
Führ' hinaus den Sieg im Fleisch,
Dass dein' ew'ge Gott'sgewalt
In uns das krank' Fleisch erhalt'.

Dein' Krippe glaenzt hell und klar,
Die Nacht gibt ein neu Licht dar,
Dunkel mus nicht kommen drein,
Der Glaub' bleibt immer im Schein.

Lob sei Gott dem Vater g'tan,
Lob sei Gott sein'm ein'gen Sohn,
Lob sei Gott dem Heil'gen Geist
Immer und in Ewigkeit.

Widerstand, den man ihm hier entgegenbrachte, eine wichtige Lehre ziehen: Den Mailänder Erzbischöfen war es gelungen, der römischen Kurie gegenüber eine gewisse Selbständigkeit bewahren zu können. Später wird sich Luther im Zusammenhang mit der reformatorischen Neugestaltung des Gottesdienstes an diese eigenständige Liturgie erinnern, in der sowohl das Hochgebet als auch Elevation und das »Dominus vobiscum« fehlten. Sie dient ihm – so legen es jedenfalls seine Worte nahe – zur Neuformulierung des protestantischen Gottesdienstes, in dem vor allem der Gedanke, dass die Hostie tatsächlich »das Fleisch Christi« und der Wein sein Blut sei, keine Rolle mehr spielen soll. Sowohl das feierliche Hochheben der Hostie, die »Elevation«, als auch die Wandlung selbst, die »Transsubstantiation«, hält Luther später für »gräuliche Abgötterei«: »Das Hochheben und dem Volk zeigen … ist ohn allen Nutz eingeführt, allein daß man damit die Irrthümer confirmirete und bestätigete, nehmlich das Anbeten und die Transsubstantiation, als sollte Brot und Wein ihr Wesen verlieren und nur die Gestalt, der Geruch und Schmack da bleiben? Das heißen die Papisten ›Transsubstantiationem‹, und verdunkeln den rechten Brauch des Sakraments. Da doch im Bischthum Mailand von S. Ambrosius Zeiten her bis auf diesen Tag weder der Canon, noch die Elevation, noch das ›Dominus vobiscum‹ in der Messe gebraucht noch gehalten wird.«[16] Überhaupt liegt der Gedanke nahe, dass die Mailänder Konstellation als Modell gedient hat für Luthers ursprüngliche Überzeugung, die Kirche von innen heraus reformieren zu können und dem überhandnehmenden Missbrauch,

»Piazza della Santissima Annunziata in Florenz«, Radierung, um 1617/22, von Jacques Callot (um 1592/93–1635)

etwa der Ablasspraxis, Eigenes entgegensetzen zu können. Nichts lag ihm ferner als der Gedanke an die Gründung einer eigenen, »lutherischen« Kirche.

Über Pavia führt der Weg nach Bologna, wo sich alle Hauptverkehrsstraßen Norditaliens kreuzen. Papst Julius II., der nach diversen militärischen Auseinandersetzungen am 10. November 1510 triumphal und mit großem Gefolge in die Stadt eingezogen war, ist Luther hier wohl nicht persönlich begegnet. Aber einen Vorgeschmack auf das Repräsentationsbedürfnis des päpstlichen Hofes und seine politischen Aktivitäten hat er aus Bologna mitnehmen können. Von hier ging es über die im Winter unwirtlichen Höhen des Apennin nach Florenz. Weder den Dom, noch Santa Croce, noch die Piazza della Signoria hielt Luther später für erwähnenswert. Bezeichnenderweise waren es zwei soziale Einrichtungen – das Findelhaus und das Krankenhaus des Klosters Santissima Annunziata –, die ihn nachhaltig beeindruckten.

Heute ist das »Ospedale degli Innocenti« von Filippo Brunelleschi vor allem als einer der Gründungsbauten der Renaissance berühmt. Damals hat Luther es als eines der Findlingshäuser der Stadt bewundert, »wo man die Kinder aufs allerbeste behaust, nährt, unterweist. Sie schmücken sie alle mit ein und derselben Kleidung und versorgen sie aufs väterlichste.«[17] Wir können nur spekulieren, ob er das von den Angehörigen des Servitenordens betriebene Krankenhaus der Santissima Annunziata sogar von innen, womöglich als Patient, gekannt hat. Jedenfalls berichtet er später genau und noch immer begeistert von den hier herrschenden Hygienestandards: »Königliche Häuser, Speise und Trank aufs beste, die sorgfältigsten Pfleger, hochgelehrte Ärzte. Wenn ein Kranker hinzukommt, so zieht man ihm zunächst seine Kleider aus, und die werden in Gegenwart eines Notars wohl verwahrt. Dann zieht man ihm einen weißen Kittel an, legt ihn in ein schön gemachtes Bett und in reine Tücher. Alsdann kommen zwei Ärzte. Diener bringen Speise und Trank in reinlichstem Glasgeschirr, wobei sie sie nicht mit einem kleinen Finger berühren, sondern auf einem Teller tragen. An gewissen Tagen kommen vornehme Frauen, ganz in Schleiern, so dass man sie nicht erkennen kann, dienen den Armen und gehen alsdann wieder nach Hause. Das habe ich selber zu Florenz gesehen, wie fein sie die Hospitäler halten.«[18] Die von Luther bewunderte ehrenamtliche Tätigkeit in der Krankenpflege ist der karitativen Arbeit der »Grünen Damen« unserer Zeiten vergleichbar. Vielleicht erinnert er sich an diese Erfahrung, wenn er später immer wieder mahnen wird, »dass die Werke der Gottseligkeit und Liebe unendlich viel besser seien als der Ablass«[19].

Über San Casciano und Poggibonsi führte die alte Kaiserstraße nach Siena. Sicher haben die beiden Augustiner-Eremiten hier das Haus der 1461 heiliggesprochenen Katharina von Siena gesehen, deren kirchenpolitischer Durchsetzungskraft die Rückkehr des Papstes aus Avignon nach Rom zu verdanken war. Noch heute ist ihre Lebensmaxime berühmt: »Nicht das Beginnen wird belohnt, sondern einzig und allein das Durchhalten.« Eine Spur in Luthers Werk hinterlassen hat die Stadt jedoch auf eine ganz andere, überraschende Weise: in seiner ausführlichen Auslegung von Psalm 101. Der Text bietet einen Verhaltenskodex für weltliche Herrscher, der auf »Huld und Gerechtigkeit« basiert: »Wer Böses übt, den hasse ich …«. An einer Stelle erwähnt Luther eine Geschichte, die er »in welschem Lande zu Senis von Kaiser Friedrich sagen« gehört habe: »Wir haben von Euerm Kaiser Friedrich gelernt viele Sprüche, sonderlich diesen: qui nescit dissimulare, nescit imperare [Wer nicht übersehen oder überhören kann, der kann nicht regieren].«[20]

[»welsch« bezeichnet den französischen und italienischen Sprachraum, »Senis« ist der lateinische Ausdruck für Siena]

ITALIENISCHE HOSEN, BETRUNKENE DEUTSCHE:

Die Ewige Stadt

Über Bolsena, Montefiascone und Ronciglione (auch hier gab es Augustinerklöster) führte die große mittelalterliche Pilgerstraße weiter nach Rom. Ende Dezember 1510 erreichten die beiden Wanderer endlich ihr Ziel.[21] Als Bruder Martinus die Silhouette der Ewigen Stadt in der Ferne ausmachen konnte, soll er – noch ganz der fromme Mönch und Wallfahrer – ergriffen auf die Knie gefallen sein: »Salve, Sancta Roma« – Sei mir gegrüßt, heiliges Rom! Später hat er die Geschichte noch mit einem Zusatz erzählt, der zeigt, was ihm damals viel wichtiger war als alle ordensinternen Konflikte: »ja, wahrhaftig heilig, von den heiligen Märtyrern, von deren Blut es trieft«.

Ansicht der Stadt Rom, Holzschnitt, (1493)

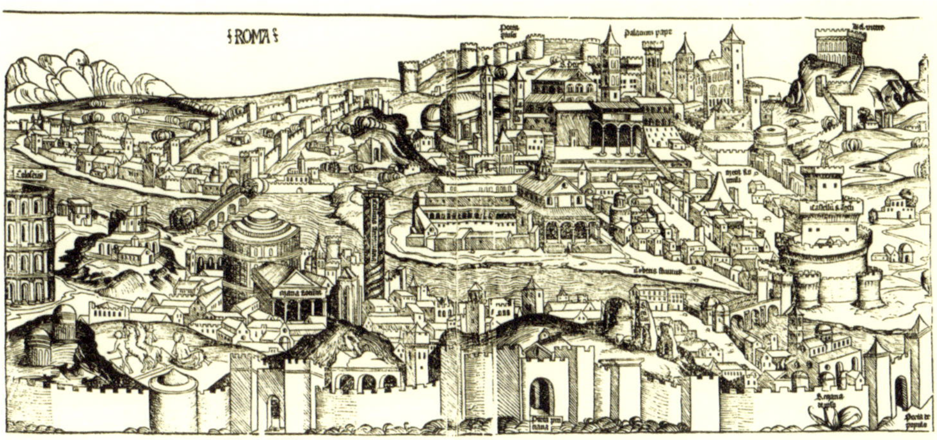

Genau dies: Die Gräber der Apostel Petrus und Paulus mit eigenen Augen zu sehen, die Reliquien der zahllosen Märtyrer zu besuchen und ihre wundertätige Kraft für das eigene Seelenheil zu nutzen, war das Hauptanliegen aller Rompilger seit dem frühen Mittelalter. Unbedingt aufsuchen musste man die »sette chiese«, die sieben bedeutendsten Kirchen Roms; neben der Peterskirche und San Paolo fuori le Mura gehörten die Lateransbasilika mit der Heiligen Treppe, Santa Croce in Gerusalemme, Santa Maria Maggiore, San Sebastiano alle Catacombe und San Lorenzo dazu. Mit dem Besuch all dieser Heiligtümer waren Ablässe verbunden: Sie enthielten das Versprechen, dass sich die Zeit, die Sünder nach ihrem Tod im Fegefeuer verbüßen müssen, verringern werde. Ablässe konnte man entweder durch Geldspenden oder den Besuch einer Pilgerstätte erlangen, und zwar für sich selbst oder – und das erschien vielen Gläubigen noch dringlicher – für verstorbene Angehörige.

Der Weg in die Stadt führt über die berühmte Milvische Brücke: Ein Symbolort der Christenheit, seit dort 312 Kaiser Konstantin der Große über seinen Mitkaiser Maxentius nur mithilfe göttlicher Eingebung gesiegt hatte. In der Nacht vor der Schlacht hatte Konstantin geträumt, er könne den Sieg erringen, wenn er die römischen Feldzeichen durch das Christusmonogramm »IHS« ersetzen würde. Es leitet sich ab von der Transkription der ersten beiden und des letzten Buchstabens des griechischen Namens Jesu und wurde mit »In hoc signo vinces« [unter diesem Zeichen wirst du siegen] übersetzt. Nach seinem durchschlagenden Erfolg und seinem Aufstieg zum Alleinherrscher erließ Konstantin 313 ein Toleranzedikt und beendete damit die Christenverfolgung.

Über die Milvische Brücke führte die Via Flaminia auf direktem Wege zur Porta del Popolo Mit ihr hatten die beiden Mönche ihr Ziel erreicht, denn das unmittelbar hinter dem Stadttor liegende große Augustinerkloster diente als Herberge für all jene Brüder, die in Rom Geschäfte zu erledigen hatten. Zum Kloster gehörte die Kirche Santa Maria del Popolo, die wenige Jahre vor Luthers Ankunft im Renaissancestil umgestaltet worden war. Bereits damals zog hier ein wundertätiges Marienbild Pilger an. Zahlreiche Zuwendungen nicht nur mehrerer Päpste, sondern auch bedeutender römischer Familien hatten der Kirche eine repräsentative Ausstattung inklusive prachtvoller Grabkapellen eingebracht; 1507 bis 1515 wurde beispielweise die Chigi-Kapelle nach den Entwürfen Raffaels eingerichtet. Weder sie noch die auch heute durch ihre leuchtenden Farben bestechenden Fresken Pinturicchios hat Luther je erwähnt. Daraus jedoch zu schließen, er habe grundsätzlich für Malerei, für Kunst überhaupt kein Auge gehabt, wäre falsch. Später wird er sich daran erinnern, »wie geschickt und sinnreich die Maler in Welschland« seien, denn »sie könnten der Natur so meisterlich nachfolgen und [sie] nachahmen in Gemälden, dass sie nicht allein die rechte eigentliche Gestalt an allen Gliedern geben, sondern an den Gebärden, als lebten und bewegten sie sich.«[22] Hier staunt ein an die gotische Bildwelt gewöhnter Blick über die neue Plastizität und Räumlichkeit, die zu den Errungenschaften der Renaissance gehörte.

Es ist zwar heute umstritten, ob die beiden Augustiner hier oder in der zweiten Niederlassung ihres Ordens, in Sant'Agostino, ihr Quartier aufgeschlagen haben. In jedem Fall aber hat Luther alle bedeutenden Stätten Roms besucht. Dabei stand nicht Horizonterweiterung im Vordergrund. »Das Hauptanliegen meiner Reise nach Rom ist es gewesen«, so ist es in den Tischreden überliefert, »daß ich wollte eine ganze Beichte, von Jugend auf gesehen, tun und fromm werden, obwohl ich eine solche Beichte in Erfurt zweimal abgelegt hatte.«[23] Ein zweites Ziel war es, den geliebten, kurz zuvor gestorbenen Großvater Heinrich Luther aus dem Fegefeuer zu erlösen. Zu diesem Zweck lief Bruder Martinus, wie er später erzählt hat, wie ein Verrückter, »als ein toller Heiliger durch alle Kirchen und Klüfte und [glaubte alles], was daselbst erstunken und erlogen ist, als da sind der Strick, daran sich Judas erhangen, oder der Stein, in den St. Peter eine tiefe Rinne geweint habe, nachdem er Christus verläugnete.«[24]

In Luthers Worten steckt Selbstkritik. Im Rückblick erschien ihm die Intensität seiner Frömmigkeit übertrieben. Aus einer weltlicheren Perspektive würde man ihn heute mit jener Karikatur eines Bildungsreisenden vergleichen, der sich im Ableisten eines vorgegebenen Besichtigungsprogramms verausgabt. Wie hat er seine Städtetour organisiert? Durch welche Kirchen, welche »Klüfte« ist Luther während seines Rom-Aufenthalts gelaufen? Wie sah Rom zu jener Zeit überhaupt aus? Antworten auf diese Fragen gibt der gedruckte Reiseführer zu den »Mirabilia Romae« (Sehenswürdigkeiten Roms), der damals bereits in lateinischer und deutscher Sprache vertrieben wurde. Er stellt, nach einer historischen Einführung, zuerst die sieben Hauptkirchen vor, dann die 82 übrigen Gotteshäuser. Im dritten Teil werden die Reliquien im Einzelnen aufgeführt; allein in der Lateransbasilika erwarten den Wallfahrer neben dem Grab des Apostels und Evangelisten Johannes Teile des brennenden Dornbuschs, in dem Gott Moses erschienen war und die Rute, mit der Moses dem Felsen Wasser entlockt hatte; daneben das Salbgefäß der Hl. Maria Magdalena, der Tisch, an dem Judas die 30 Silberlinge ausgezahlt wurden, Christi Lendentuch, und so weiter.

»Le sette chiese privilegiate di Roma«, Vogelschauplan der Stadt mit den sieben Pilgerkirchen, Kupferstich (1575) von Antonio Lafreri (1512–1577)

Große Entfernungen und unerschlossene Zonen voller Trümmerreste lagen zum Teil zwischen den sieben Hauptkirchen. In der Regel unternahm man deshalb die Wallfahrt zu den Gotteshäusern nicht allein, sondern schloss sich einer von einem Geistlichen geleiteten, eintägigen Gruppenführung an. Er kannte den Weg, und er wusste die Gebete, die an den einzelnen Stationen zu verrichten waren. Es ist sehr wahrscheinlich, dass sich auch Luther einer solchen Pilgertour angeschlossen hat.

Er hatte Zeit: Nachdem die beiden deutschen Augustiner ihr Gesuch vorgebracht hatten, hieß es für sie: warten. Was waren die Höhepunkte eines solchen Pilgertages? Die geistliche Hauptattraktion in San Paolo fuori le Mura war das Grab des Hl. Paulus, dazu die Ketten, mit denen er während seiner römischen Gefangenschaft gefesselt worden war und die Säule, an der er gepredigt hatte. In San Sebastiano alle Catacombe waren nicht nur die Pfeile zu sehen, mit denen man den Märtyrer beschossen hatte, sondern auch ein besonderer Stein, in dem die Füße Christi bei der letzten Begegnung mit Petrus eine Spur hinterlassen hatten. San Giovanni in Lateran hatte auch die Schere zu bieten, mit der man dem Paulus zur Demütigung den Kopf geschoren hatte; für einen Mönch muss dies ein besonders berührender Anblick gewesen sein, fand sich hier doch das Urmotiv jener kreisförmigen geschorenen Stelle, der Tonsur, die damals (in jeweils unterschiedlicher Größe) für alle Priester und Mönche obligatorisch war. Außerdem hörte Luther dort von den beiden Schädelreliquien des Petrus und des Paulus, die in goldenen Büstenreliquiaren in einem Schrein über dem Hauptaltar der Kirche aufbewahrt wurden. St. Peter selbst war damals eine gewaltige Baustelle. 1506 hatte man mit dem Umbau der alten Basilika begonnen und damit, in das Kirchenschiff die neuen, monumentalen Vierungspfeiler hineinzubauen. Das Grab des Hl. Petrus war provisorisch abgedeckt, und nebenan im Vatikan malte Michelangelo um diese Zeit die Sixtinische Kapelle aus.

Neben den sieben Hauptkirchen hat Luther in den vier Wochen seines Aufenthalts noch zahlreiche andere Gotteshäuser sowie die »Klüfte«, jene Gräber und Katakomben aufgesucht, in denen die Gebeine der zahllosen römischen Märtyrer »schränkigt« lagen. Auch hier waren – so ist es etwa für die Calixtus-Katakombe verbürgt – Gnaden zu erwerben. »Wer

Der Petersdom während der Erbauung; Vierungspfeiler von Neu St. Peter und der Rest des nördlichen Kreuzarmes der alten Basilika, Federzeichnung (um 1532–1536) von Maarten van Heemskerck (1498–1574)

mit Andacht und Reue über seine Sünden durch den ›kirchhof Calixti‹ ging, dem wurden alle seine Sünden vergeben. Wer durch dieselbe Katakombe fünfmal unter einer gesprochenen Messe hindurchging, erlöste sogar eine Seele aus dem Fegefeuer.«[25] Dies konnte man auch mit einer anderen guten Tat erreichen, die Luther auf sich genommen hat. Angebaut an den Lateranspalast befand (und befindet) sich die »Scala Santa«: die Treppe, die ursprünglich in Jerusalem zum Haus des Pilatus geführt hatte und die Christus emporgestiegen war, um dort sein Todesurteil zu empfangen. Wer die 28 Stufen auf Knien bewältigte, dabei auf jeder Stufe innehielt, die nächsthöhere küsste und ein Vaterunser für einen Verstorbenen betete, der hatte diesen aus dem Fegefeuer befreit. Luther erinnert sich später in einer Predigt an diesen emotionalen Moment: »So wollte ich in Rom meinen Großvater aus dem Fegefeuer erlösen, ging die Treppe Pilati hinauf, betete auf jeder Stufe ein Vaterunser. Es herrschte die feste Überzeugung, wer so betete, erlöste eine Seele. Als ich aber an die Spitze gelangte, kam mir der Gedanke: wer weiß, ob es wahr ist?«[26] Solche theologischen Zweifel durfte ein Mönch eigentlich nicht in sein Bewusstsein dringen lassen. Dass man dagegen – wie es Luther auch berichtet hat – öffentlich Kritik an der kirchlichen Amtsführung äußerte, war nichts Ungewöhnliches. Schon 1230 hatte ein reisender Kleriker namens Freidank in einem Gedicht die Habgier der römischen Kurie thematisiert: Danach war Rom »ein unseliges, riesiges Loch, in dem nicht nur die Sünden, sondern auch die Schätze der ganzen Welt verschwinden, wo mögen sie nur bleiben?«[27]

Auch Luther machte seine Beobachtungen – Beobachtungen, die sich nicht so leicht mit dem theologischen Weltbild in Einklang bringen ließen: Sein eigentliches Anliegen bestand ja darin, einen eigenen Weg zu Gott zu finden – und das in der Stadt, in der die Dichte an segensspendenden Heiltümern am größten war, in der Hauptstadt der Christenheit. Grundvoraussetzung war für ihn, wie erwähnt, eine Art innerer Reinigung zur Entlastung des eigenen Gewissens, die Generalbeichte. »Da bin ich nach Rom gekommen, zu den ungelehrtesten Menschen. Ach, lieber Herrgott, was sollen die Kardinäle wissen, die von soviel Geschäften und Regierungssachen überhäuft sind? Es hat mit uns (schon) Mühe genug, die wir täglich studieren und jede Stunde in der Übung stehen.«[28] Aus Luthers Worten – »zu den ungelehrtesten Menschen« – spricht Enttäuschung, und dieses Gefühl sollte in der Rückschau den gesamten Rom-Aufenthalt überschatten.

Ihre ausufernden administrativen und repräsentativen Geschäfte lenkten, so sein Eindruck, die Kleriker von der geistlichen Andacht ab. »Wer mag des Papsts und der Kardinäle Gesinde zählen? Es ist ein solch Gewürm und Geschwärm in dem Rom, und alles sich päpstisch rühmt, daß zu Babylon nit ein solches Wesen gewesen ist. Es sein mehr denn 3000 Papst-Schreiber allein. Wer will die anderen Amtleute zählen, da ja der Ämter so viele sind, daß man sie nicht zählen kann.«[29] Schlimmer noch als die Ämter selbst erschien Luther, wie sie missbraucht wurden. In der Päpstlichen Kanzlei, der von Bramante errichteten »Cancelleria« etwa, hat er gesehen, wie dort die »Gelübde aufgehoben«, Mönche in die Freiheit entlassen oder uneheliche Kinder nachträglich legitimiert wurden. »Was Himmel und Erde nicht vermögen, das vermag dieses Haus.«[30]

Natürlich, hier spricht der erschütterte Provinzler, der sich bisher keine Vorstellung von der Organisation einer weltweit agierenden Institution hatte machen können. Aber auch im eigenen, geistlichen Bereich ging es anders zu, als es der deutsche Mönch und Priester gewohnt war. Das zeigte sich immer dann, wenn Luther versuchte, in Rom eine Messe zu lesen. Überfülle und unwürdige Betriebsamkeit habe in den römischen Kirchen geherrscht, viel zu hastig und oberflächlich, ohne Andacht sei es zugegangen. Oft lasen mehrere Priester gleichzeitig nebeneinander oder an Doppelaltären einander gegenüber die Messe, und dies so schnell, dass manchmal (wie Luther später behauptete) sieben Messen in einer Stunde absolviert wurden. Ihm, der sich für seine Messe die nötige Zeit nahm, habe ein Priesterkollege, der bereits mit seiner Messe fertig war, »passa, passa« [weg, verschwinde] zugerufen.[31] Dazu kam die Luther zumindest vom Hörensagen bekannte lockere Lebensführung nahezu des gesamten oberen Klerus, bis hinauf zum Papst. Die Kardinäle unterhielten offizielle Liebhaber oder Mätressen. Von Papst Julius II. war bekannt, dass er drei Töchter hatte und an der Syphilis litt. Wenn er nur spazierenritt, begleiteten ihn 3000 bis 4000 Maultierreiter.[32]

Immer wieder wird berichtet, dass sich Luther für die vorchristliche Geschichte Roms nicht interessiert habe. Es gibt jedoch Hinweise, die dem widersprechen. Das antike Rom lag unter Schuttbergen und in Trümmern; Luther nennt es zwar »ein

Ansicht des Pantheons von vorn, Federzeichnung (um 1532–1536) von Maarten van Heemskerck

Rattennest« und einen »Leichnam, bestehend aus den Resten früherer Prachtbauten«[33]. Dennoch hat er sich so viel wie möglich angesehen, obwohl es als schwierig und gefährlich galt, sich durch das unwegsame und verrottete Gelände voller antiker Trümmer und kleiner Hütten zu bewegen. »Des alten Roms Fußstapfen« – so beschreibt er es später den Tischgenossen – »kann man kaum noch erkennen, wo es gestanden hat. Das Theatrum (Kolosseum) siehet man und die Thermas Diocletianas, das warme Bad des Diocletian, welches geleitet ist an die fünfundzwanzig deutsche Meilen von Neapolis in ein schön und herrlich gebautes Haus. Ah, da sind der Welt Schätze und Reichtum gewesen! Darum nahmen sie sich auch vor, was sie gelüstete, und führten es aus.«[34] Neben dem Kapitol mit den gewaltigen Quadern des verfallenen Jupitertempels hat ihm das Pantheon besonders Eindruck gemacht. Nicht wie heutige Besucher erlebte er es als einen Ort, in dem die Baukunst einen kaum zu steigernden Grad der Vollkommenheit erreicht, nein, Luther interessierte und befriedigte lediglich der Umstand, dass hier ein ursprünglich heidnischer Tempel im Jahr 609 in eine christliche Kirche verwandelt worden war: »Die Kirche, die man nennet Santa Maria rotunda, die war ein Tempel der Abgötter. Nun ist die Kirche geweiht zu Ehren unserer lieben Frau und aller Heiligen.«[35]

Aus Luthers Worten spricht nicht die abgeklärte historische Distanz, mit der wir es gewohnt sind, den Bewohnern des Olymp zu begegnen. Noch heute merkt man es seinen Formulierungen an, dass ihm die Überwindung des Heidentums, die er hier an einem authentischen Geschichtszeugnis hat ablesen können, eine persönliche Genugtuung war: »Da ich, D. Martin Luther zu Rom war, habe ich diese Kirche gesehen. Die hatte kein Fenster, sondern nur oben hatte sie ein rundes Loch, davon sie Licht hatte. Sie ist eingewölbt und hoch. Sie hatte so dicke marmelsteinerne Säulen oder Pfeiler, die unser zwei schwerlich umgreifen können. Oben am Gewölbe waren alle Götter der Heiden gemalt: Jupiter, Neptunus, Mars, Venus und wie sie mehr geheißen haben. Diese Götter waren allzumal miteinander eins, dass die nur die ganze Welt betören und betrügen möchten. Aber da Jesus Christus kommt – den wollen sie nicht leiden. Dennoch hat er sie ausgestäupert [mit Ruten vertrieben]. Denn er ist der rechte Mann, und hat sie alle über einen Haufen gestoßen.«[36]

»Die heidnischen Götter halten zusammen, und doch hat es ihnen nichts genützt« – dieser Gedanke hat Luther offensichtlich Spaß gemacht, und in diesem Zusammenhang das Pantheon noch öfter erwähnt. So heißt es in seiner 1538 erschienenen Schrift über *»Die drei Symbole oder Bekenntnisse des*

Glaubens Christi«: »Vor Christi Ankunft war die Welt so voll mancher Abgötterei, wie kein Hund voll Flöhe ist um Sanct Johannis Tag, dass es krimmelt und wimmelt voll Abgöttern allenthalben. Dennoch treibt da kein Teufel den anderen aus, trat kein Abgott dem anderen auf den Kopf, biß auch keiner den anderen in die Fersen, konnten sich wohl nebeneinander leiden und vertragen, also daß auch die Römer aus aller Welt alle Abgötter sammelten und eine Kirche bauten, die sie ›Pantheon‹ nannten, aller Götter Kirche. Denn die weltweisen Herren wollten alle Götter in ihrer Stadt haben.«[37]

Und warum lag das großartige Reich dieser »weltweisen Herren« heute in Trümmern? Das ließ sich nur durch ein Gottesgericht erklären, eine furchtbare Strafe für die Überheblichkeit, die überhaupt erst zur Errichtung einer solchen Weltherrschaft geführt hatte – worin das alte Motiv von der Zerstörung des »Turms zu Babel« als Strafe für die Vermessenheit der Bewohner Babylons aufscheint: Die Stadt galt schon seit der Offenbarung des Johannes als Sitz des Antichristen, als Hort der Sünde und Dekadenz. Wenn Luther also später in seinen Predigten Rom immer wieder mit der »großen Hure Babel« vergleicht und damit sein Vorgehen gegen die Kirche als von Gott gewolltes Handeln rechtfertigt, benutzt er ein altes Bild: Schon in der Offenbarung des Johannes wird die »Hure Babylon« als Symbol für das römische Weltreich verwendet.

Unsterblichen Stereotypen, von der sprichwörtlichen Eleganz der Italiener bis zu ihrer Heißblütigkeit, begegnet man auch in Luthers Einschätzung des italienischen Volkscharakters. Italiener seien in

»Innsbruck von Norden her gesehen«, Aquarell (1494/95) von Albrecht Dürer (1471–1528)

der Regel listenreich und falsch, redeten sich leicht in Hitze und rächten sich blutig für die geringste Beleidigung. Beim Trinken dagegen blieben sie maßvoll, während sich die Deutschen gern betranken und dann aufführten wie die Tiere. Auch achteten die Italiener sehr auf reinliche und kostbare Kleidung: Die Hosenschneider etwa bildeten eine eigene Zunft, und fertigten nichts anderes als Hosen, während in Deutschland die Schneider alle Arten von Kleidern machten und dabei alles über einen Leisten schlügen. Wenn er, Luther, neben einem gut gekleideten Italiener einen Landsmann sähe, so täten ihm die Augen weh. »Denn der Deutsche geht mit einer Hose bekleidet einher wie eine ›raue‹ [d. h. an den Beinen gefiederte] Taube. Er hat auch einen zu kurzen Rock an, so dass es mit Recht heißt: in curta tunica saltat Saxo quasi pica [in kurzem Röckchen hüpft der Sachse umher wie eine Elster].«[38]

Und ähnlich wie heute, wo man über jene Touristen lächelt, die mit »due espressi macchiati«-Bestellungen ihre teutonische Herkunft verschleiern möchten, genossen zu Luthers Zeiten diejenigen Landsleute den schlechtesten Ruf, die sich auf Dauer in Italien niedergelassen hatten: »Ein verwelschter Deutscher ist ein eingefleischter Teufel.« »Un tedescho italiano« – so viel italienisch verstand Luther bis dahin, obwohl er manchmal geklagt haben soll über die Kommunikationsprobleme im fremden Land. Auch in seine Gespräche hat er später gelegentlich nonchalant ein paar Brocken Italienisch eingeflochten: »wie die Itali sagen …«, »tedeschi ubbriachi« [betrunkene Deutsche] oder »bargello« [Polizeihauptmann].[39] Dass sich Luther in Rom gern an die eigenen Landsleute gehalten hat, geht aus seinen positiven Erinnerungen an die Kirche der Deutschen in Rom, Santa Maria dell'Anima, hervor, die damals gleich hinter der Piazza Navona neben dem ihr zugehörigen Pilgerhospiz neu erbaut worden war.

Ende Januar 1511 stellte es sich heraus, dass der Appell der Augustiner an den Heiligen Stuhl nicht zugelassen, dass die Mission der beiden Mönche gescheitert war. Umgehend traten sie die Rückreise an. Ihr Weg führte sie nun über Verona, Bozen und Innsbruck – wo Luther sich über die völlig gleich gebauten Häuser wunderte, die zudem zu Zeilen zusammengeschlossen waren.[40] Wohl im Laufe des März 1511 kamen sie wieder zu Hause an.

Im Rückblick, mehr als 25 Jahre später, hat Luther die Romreise als eine eher desillusionierende Erfahrung beschrieben: »Wer nach Rom kam und brachte Geld, der kriegte die Vergebung der Sünden. Ich, als ein Narr, trug auch Zwiebeln nach Rom und brachte Knobloch wieder.«[41] Zwiebeln gegen Knoblauch – kein guter Tausch. Der erhoffte Gewinn, ein Zuwachs an geistlicher Tiefe und Heilsgewissheit, war ausgeblieben. Dennoch aber hat sie ihren Nutzen gehabt: Nur das authentische Erlebnis des päpstlichen Machtmissbrauchs habe ihn befähigt und ermutigt, gegen Rom mit geistlichen Waffen vorzugehen. Deshalb sei er froh, es mit eigenen Augen gesehen zu haben, weil er sonst immer das Gefühl haben würde, er täte Rom Unrecht. »Aber was wir gesehen haben, reden wir.«[42]

MIT GELEITBRIEF UND PERSONENSCHUTZ:

Heidelberg, Augsburg, Leipzig und Worms

Die Romfahrt sollte Luthers einzige »Auslandserfahrung« bleiben. Nie wieder legte er eine so lange Strecke zu Fuß zurück. Nie wieder hatte er Gelegenheit, seiner Neugier so freien Raum zu geben, Unbekanntes zu registrieren, sich mit fremden Mentalitäten, Lebensformen und Bauwerken auseinanderzusetzen.

Luther als Augustinermönch mit Doktorhut, Kupferstich (1521) von Lucas Cranach dem Älteren

Dazu gehörten auch die Menschen. Nie wieder hat Luther so unmittelbar und andauernd Kontakt zu solchen Leuten gehabt, die ihm in der frommen Gemeinschaft des Klosters oder der intellektuellen Sphäre der Universität nicht über den Weg gelaufen wären wie während der wochenlangen Wanderung auf den Straßen des Reichs. Von hier rührt seine Überzeugung, dass es wichtig sei, sich dem »einfachen Mann« verständlich zu machen, und hier legte er den Grundstein für seinen wichtigsten und dauerhaftesten publizistischen Erfolg, die Übersetzung der Bibel in ein Deutsch, das jeder verstand, und in Sprachbilder, die jedermann zugänglich waren.

Die folgenden Reisen waren von grundsätzlich anderer Natur. Ziele wie Augsburg und Worms stellten zwar ebenso beträchtliche Entfernungen dar und hätten dem »neugierigen Blick« ebenfalls manches Sehenswerte geboten. Aber entscheidend für sein weiteres Leben waren jetzt weniger die Ziele als die Umstände und die Anlässe der Reisen. In Luthers Erfahrungsspeicher wurden die Fahrten nach Heidelberg, Augsburg, Leipzig und Worms vor allem wegen ihres völlig anderen Charakters verbucht.

Die meisten Strecken absolvierte Luther jetzt nicht mehr zu Fuß, sondern zu Pferd oder per Kutsche. Unterwegs übernachtete er meistens nicht in Klöstern, sondern in den gastlichen Häusern von Menschen, die in ihm einen Hoffnungsträger sahen. Er war jetzt fast immer von Unterstützern umgeben, und in einem direkt physischen Sinn erlebte er das Wohlwollen und die bedrängende Begeisterung völlig Unbekannter. Seit Worms wusste er auch die Vorteile des Inkognito zu schätzen. Zudem hatte er sich auf fremden Terrain und den höchsten Autoritäten gegenüber behaupten können. All dies verlieh Luther eine neue Identität. Aus »Bruder Martinus« wurde in jenen Jahren nicht wieder »Martin Luder«, als der er geboren war, sondern »Martin Luther«: Mit einer dezenten »Latinisierung« seines Familiennamens, die er über den Umweg »Eleutherius« [griechisch »der Freie«] gewonnen hatte, verwies er auf seine Zugehörigkeit zur Humanistenwelt seiner Zeit.

Im Herbst 1511 kehrte Luther nach Wittenberg zurück, um sich auf seine Promotion an der noch jungen Universität vorzubereiten, die er mit Erfolg abschloss. Unmittelbar danach übertrug man ihm die Professur für Bibelauslegung. Seine Zelle im Augustinerkloster behielt er bei – doch sein Leben spielte sich mehr und mehr außerhalb der Klostermauern ab. 1515 ernannte ihn sein Orden zum Distriktsvikar, was häufige Dienstreisen zu den Klöstern seines Amtsbereiches mit sich brachte. Auf den Straßen und in den Kirchen, vor allem aber in der Wittenberger Stadtkirche, wo Luther seit 1514 mehrmals in der Woche als ehrenamtlicher Prediger tätig war, begegnete er einem Phänomen, das ihn schon in Rom zutiefst ge- und verstört hatte: dem Ablasshandel.

Schon seit dem frühen Mittelalter besaß der Papst als Stellvertreter Christi auf Erden die Vollmacht, Sündenstrafen zu erlassen. Wer gebeichtet, bereut und verdienstliche Werke getan hatte, der musste weniger lang im Fegefeuer büßen als andere. Ursprünglich waren es vor allem Wallfahrten und die Beteiligung an Kreuzzügen gewesen, die zu diesen Verdiensten gerechnet wurden. Zu Luthers Zeiten hieß Ablass vor allem: Geld spenden. Kirchen erhielten das Recht, gegen Gebete und Gaben die qualvolle Zeit der Gläubigen im Fegefeuer wesentlich zu verkürzen – so konnte ein Vaterunser und ein Avemaria im Nürnberger Katharinenkloster bereits 30.000 eingesparte Jahre einbringen. Ablässe finanzierten Kreuzzüge und Kirchen, Brücken und Deiche – und sie füllten die Kassen der römischen Kurie. Die Angst um das ewige Leben und die Sorge für liebe Verstorbene eigneten sich bestens zur Geschäftemacherei. So konnten Ablassbriefe auf Vorrat erworben und wie Wertpapiere veräußert werden. Als mittelloser Mönch und Professor kam man mit diesen Praktiken normalerweise weniger in Berührung. Aber Luther war Stadtprediger und als solcher in unmittelbarem Kontakt mit den Gläubigen »von nebenan«. Sie trugen einen Konflikt an ihn heran, der Luther persönlich schon lange beschäftigte und den er im theologischen Rahmen, als theoretische Diskussion, bereits seit der Übernahme seiner Professur umkreiste.

Nachdem der äußerst weltlich eingestellte Giovanni de' Medici 1513 zum Papst, Leo X., gewählt worden war, übertrug er das Eintreiben der Ablässe dem Bischof und Kurfürsten von Magdeburg, Halberstadt und Mainz, dem Hohenzollernspross Albrecht von Brandenburg. Dem Dreiundzwanzigjährigen war mit Mainz das größte Bistum der damaligen Christenheit unterstellt, zu seiner Magdeburger Diözese gehörte auch Wittenberg. Seine Wahl zum Erzbischof hatte viel Geld gekostet: 24.000 Dukaten waren dafür insgesamt als Abgabe an den Papst zu zahlen – Geld, das Albrecht nicht hatte. So ließ man sich einen raffinierten Tauschhandel einfallen: Zunächst bewog die römische Kurie das Bankhaus Fugger, Albrecht einen Kredit zu geben. Aber wie sollte er ihn abzahlen? Auch für dieses Problem gab es eine Lösung: Der Papst erteilte Albrecht die Erlaubnis, in seinem Hoheitsgebiet den Peters-Ablass zu predigen, das hieß: acht Jahre lang offensives Spendensammeln zum Bau der neuen Peters-Kirche. Die Hälfte der einkommenden Gelder sollte an Rom gehen. Die andere Hälfte aber war zur Deckung der Schulden beim Bankhaus Fugger gedacht – Schulden, die erst dadurch entstanden waren, dass Albrecht überhaupt gewählt und lebenslang eine überaus einträgliche Position genießen konnte. Im Klartext bedeutete das: Die Hälfte jeder von Gläubigen oft unter großen Mühen für ihr Seelenheil aufgebrachten Spende ging an Albrecht persönlich.

Bestechungsgelder und Provisionszahlungen waren weit verbreitet. Im Mittelalter aber konnten sie, zumindest im Machtbereich der Kirche, eine Sphäre betreffen, an die eigentlich kein Menschenarm hinreichte: die des Lebens nach dem Tod. Der Papst als Stellvertreter Christi auf Erden sah sich bevollmächtigt, hierüber – konkret das Fegefeuer – Aussagen zu treffen. Dies ist vielleicht aus heutiger, aufgeklärter Sicht eine irritierende Vorstellung. Bei dem eigentlich papsttreuen Luther hätte sie aber keineswegs diese furiose Erbitterung ausgelöst, die ihn zu einem so unnachgiebigen Gegner der Kurie werden ließ. Wirklich problematisch wurde die Sache für ihn in dem Moment, als seine Schäflein in der Wittenberger Stadtkirche ihm berichteten, sie hätten den Peters-Ablass gezahlt und seien nunmehr alle ihre Sünden los. Das allerdings hielt er für ein schwerwiegendes Missverständnis: Zwar konnten Ablässe die Anzahl der Jahre im Fegefeuer reduzieren – aber zur Tilgung der Sünden brauchte es seiner Überzeugung nach immer noch die persönliche Auseinandersetzung, brauchte es Schuldeinsicht, Reue und Buße. Tatsächlich unterschied die vom Ablasskommissar Albrecht von Brandenburg erlassene Direktive nicht mehr zwischen Sündenschuld und Sündenstrafe. Da war gar nicht mehr die Rede von Reue, von der Hinterfragung des eigenen Tuns, überhaupt vom moralischen Lerneffekt; ganz offensichtlich stand der Gelderwerb im Vordergrund, wurde bei den Gläubigen der Eindruck erweckt, dass das ewige Seelenheil käuflich sei.[43]

Luther dagegen war seit seinem legendären »Turmerlebnis« – der angeblich blitzartigen Erkenntnis im Turmzimmer des Wittenberger Augustinerklosters – der Überzeugung, dass menschliche Taten

Außenansicht der Wittenberger Schlosskirche, Holzschnitt (1509) von Lucas Cranach dem Älteren

im Angesicht Gottes nichts ausrichteten. Nachvollziehbar wird diese Kehrtwende, wenn man Luthers Vergangenheit bedenkt: Mit strengsten Buß- und Fastenübungen, mit einer bis an die Selbstzerstörung grenzenden Intensität und unter extremen Gewissensqualen hatte er versucht, sich die Nähe zu Gott zu »erarbeiten«. Seinem Gefühl nach hatte all dies nichts genutzt. Plötzlich wird ihm klar, dass es vielleicht gerade der umgekehrte Weg ist, der weiterführt. Gott ist nicht richtend, sondern schenkend. Die göttliche Gnade erlangt man ganz einfach – allein durch den Glauben: »sola fide« und »sola gratia« werden zu Hauptgedanken der Reformation.

1517 versuchte er – wie bereits viele vor ihm –, mit seiner Kirche über die seiner Meinung nach unchristliche Geschäftemacherei ins Gespräch zu kommen. Als Grundlage für eine akademische Debatte sandte er am 31. Oktober 1517 »95 *Thesen*« an Albrecht von Brandenburg; vieles spricht dafür, dass er sie noch am selben Tag durch einen Anschlag an das »Schwarze Brett« der Universität, an der Wittenberger Schlosskirche (die zugleich die Universitätskirche war), bekannt machte. Am 11. November schickte er den Text, wie zuvor bereits seine *»100 Thesen gegen die scholastische Theologie«*, an sein Erfurter Augustinerkloster. Das alles vollzog sich noch im üblichen Rahmen innerkirchlicher Diskussionsverfahren.

Verselbständigt hat sich Luthers Initiative ohne sein Zutun – und eigentlich auch gegen seinen Willen. Verantwortlich dafür war das relativ neue Massenmedium des Buchdrucks. Drucker in mehreren Städten begannen ungebeten, Luthers Thesen zu vervielfältigen und stellten damit eine Öffentlichkeit her, die heute derjenigen eines Fernsehjournals entspräche. Noch 1517 erschien der Text in Nürnberg, Leipzig und Basel. Später berichtete ein Schüler Luthers, die Thesen seien innerhalb von vier Wochen an alle Universitäten, alle Klöster und bis nach Rom gelangt. Luther reagierte überrascht bis unwillig: »Es war weder meine Absicht noch mein Wunsch, sie zu verbreiten. (...) noch nie hat man gehört, dass so etwas geschehen ist.«[44] An dieser großen Resonanz, dem ungeheuer großen Interesse weiter Bevölkerungsschichten an der Meinung eines unbekannten Wittenberger Mönchs und Professors lässt sich ermessen, wie weit sich die Skepsis gegenüber dem Handeln der Amtskirche verbreitet hatte.

Luther formuliert seine Bedenken natürlich auf Latein. Der Text war an ein akademisches und theologisches Publikum gerichtet. Erst im Januar 1518 ist von einer deutschen Übersetzung die Rede. Mithilfe einer allein auf die Heilige Schrift gestützten Argumentationskette entwickelt er brisantes Material. These 21 beispielweise richtet sich ganz direkt gegen die Ablassgebräuche in Luthers Umgebung: »Deshalb irren diejenigen Ablassprediger, die sagen, dass durch die Ablässe des Papstes der Mensch von jeder Strafe befreit und selig wird.« In den Thesen 27 und 28 heißt es: »Menschliche Gedanken predigen diejenigen, die sagen: ›Sobald die eingeworfene Münze im Kasten klingt, fliegt die Seele aus dem Fegefeuer in den Himmel.‹ – Das ist gewiß, wenn die Münze im Kasten klingt, können Gewinn und Habgier zunehmen; die Antwort auf die Fürbitte der Kirche aber steht allein in Gottes freiem Ermessen.« These 32 enthält bereits eine Drohung: »In Ewigkeit wer-

¶ Amore et studio elucidande veritatis, hec subscripta disputabuntur Wittenburge Presidente R. P. Martino Luther Eremitano Augustiniano Artiū et S. Theologie Magistro, eiusdemq; ibidem lectore Ordinario. Quare petit vt qui non possunt verbis presentes nobiscum disceptare / agant id literis absentes.

In Nomine dn̄i nostri Ihesu Christi. Amen.

1 Dn̄s et magister noster Jhesus Christus, dicendo penitēciā agite 2c̄. omnē vitam fidelium, penitentiam esse voluit.

2 Qō verbū de penitētia sacramētali (.i. cōfessionis et satisfactionis que sacerdotum ministerio celebratur) non potest intelligi.

3 Nō tn̄ solā intēdit interiorē: immo interior nulla est, nisi foris operetur varias carnis mortificationes

4 Manet itaq; pena donec manet odiū sui (.i. penitētia vera intus) scz vsq; ad introitum regni celorum.

5 Papa nō vult nec pōt: vllas penas remittere, preter eas, q̄s arbitrio vel suo vel canonum imposuit.

6 Papa nō potest remittere vllā culpam, nisi declarando et approbando remissaz a deo. Aut certe remittendo casus reseruatos sibi, quibus contēptis culpa prorsus remaneret.

7 Nulli prorsus remittit deus culpā, quin simul eū subijciat: humiliatū in omnibus: sacerdoti suo vicario.

8 Canones penitentiales solū viuentibus sunt impositi: nihilq; morituris ꝑm eosdem debet imponi.

9 Inde bn̄ nobis facit sp̄ussanctus in papa, excipiendo in suis decretis semper articulum mortis et necessitatis.

10 Indocte et male faciūt sacerdotes ij, qui morituris pn̄ias canonicas in purgatorium reseruant.

11 Zizania illa de mutanda pena Canonica: in penaz purgatorij, videtur certe dormientibus Episcopis seminata.

12 Olim poene canonice nō post, sed ante absolutionē imponebant̄, tāq̄ tentamenta vere contritionis.

13 Morituri: per mortē om̄ia soluūt: et legibus canonū mortui iam sunt: hn̄tes iure earum relaxationem.

14 Imperfecta sanitas seu charitas morituri: necessario secum fert, magnū timorem, tantoq; maiorem: quanto minor fuerit ipsa,

15 Hic timor et horror, satis est, se solo (vt alia taceā) facere penā purgatorij, cū sit proximus desperationis horrori

16 Vident̄: infern⁹: purgatoriū, celū differre, sicut despatio: ꝓpe despatio: securitas differunt.

17 Necessariū videt aiab⁹ i purgatorio sicut minui horrorē: ita augeri charitatē

18 Nec probatū videtur vllis: aut rōnibus aut scripturis, q̄ sint extra statū meriti: seu augende charitatis.

19 Nec hoc probatum esse videt̄, q̄ sint de sua beatitudine certe et secure saltem omnes: licet nos certissimi simus.

20 Igitur Papa per remissionē plenariā oīm penarū: nō simpliciter oīūn intelligit, sed a se ipso tantūmodo impositarum.

21 Errant itaq; indulgētiaꝝ p̄dicatores ij, qui dicunt per Pape indulgēcias, hominem ab omni pena solui et saluari

22 Quin nullam remittit aīabus in purgatorio: quā in hac vita debuissent, ꝑm Canones soluere.

23 Si remissio vlla oīm omnino penarū, potest alicui dari, certum est eam non nisi perfectissimis, .i. paucissimis dari.

42 Falli ob id necesse est, maiorē ptē populi: per indifferentē illam et magnificam pene solute promissionem.

25 Qualē potestatē habet Papa in purgatoriū generaliter: talē habet: quilibz Ep̄us et Curatus in sua Diocesi et parochia specialiter.

26 Optime facit Papa, q̄ nō ptāte clauis (quā nullā hz) sed per modū suffragij dat animabus remissionem.

17 Hominem predicant, qui statim: vt iactus nūmus in cistam tinnuerit: euolare dicunt animam.

18 Certum est nūmo in cistam tinniente: augeri questū et auariciā posse: suffragium aūt ecclesie est in arbitrio Dei solius.

19 Quis scit si om̄es anime in purgatorio velint redimi, sicut de S. Seuerino et paschali factum narratur.

20 Nullus securus est de veritate sue cōtritionis: multo minus de consecutione plenarie remissionis.

21 Q̄ rarus est vere penitēs: tā rarus est vere indulgēcias redimēs, .i. rarissim⁹

22 Damnabuntur ineternū cū suis magistris: qui ꝑ lr̄as veniarum securos sese credunt de sua salute.

23 Cauendi sunt nimis, qui dicunt venias illas Pape: donum esse illud Dei inestimabile quo recōciliatur homo deo.

24 Gratie enī ille veniales: tantū respiciunt penas satisfactionis sacramentalis ab homine constitutas.

25 Non christiana p̄dicant: qui docēt: q̄ redempturis animas vel confessionalia nō sit necessaria contritio.

26 Quilibet Christianus vere cōpunctus: hz remissionem plenariam a pena et culpa: etiam sine literis veniarum sibi debitam

27 Quilibet verus christianus siue viuus siue mortuus: hz participationē omnium bonorum Christi et ecclesie: etiā sine literis veniarum a Deo sibi datā

28 Remissio tamē et participatio Pape: nullo modo est contēnenda, quia (vt dixi) est declaratio remissionis diuine.

29 Difficillimū est etiam doctissimis Theologis: simul extollere veniarum largitatē et cōtritionis veritatem coram populo.

30 Contritionis veritas penas querit et amat. Veniarū autem largitas relaxat et odisse facit saltem occasione.

31 Caute sunt venie Apostolice p̄dicande: ne populus false intelligat, eas preferri ceteris bonis operibus charitatis

32 Docendi sunt christiani: q̄ Pape mens non est: redemptionem veniarum vlla ex pte comparandā esse operibus misericordie.

33 Docendi sunt Christiani: q̄ dans pauperi: aut mutuans egenti, melius facit, q̄ si venias redimeret.

34 Quia ꝑ opus charitatis crescit charitas et fit homo melior: ꝑ per venias nō fit melior: sed tantūmodo a pena liberior.

35 Docendi sunt christiani, q̄ qui videt egenū et neglecto: dat pro venijs non indulgentias Pape: sed indignationem dei sibi vendicat.

36 Docendi sunt christiani: q̄ nisi superfluis abundent: necessaria tenent̄ domui sue retinere: et nequaq̄ ꝓpter venias effundere.

37 Docendi sunt Christiani, q̄ redemptio veniarum est libera: non precepta

38 Docēdi sunt Christiani, q̄ Papa sicut magis eget: ita magis optat: in venijs dandis ꝓ se deuotam orōnem: q̄ promptam pecuniam.

39 Docendi sunt Christiani, q̄ venie Pape sunt vtiles: si nō in eas cōfidant: ꝑ nocentissime: Si timorem dei per eas amittant.

40 Docēdi sunt Christiani q̄ si Papa nosset exactiōes venialiū p̄dicatoꝝ, mallet Basilicā S. Petri i cineres ire, q̄ edificari: cute carne 2 ossib⁹ ouiū suaꝝ.

41 Docēdi sunt Christiani, q̄ Papa sicut debet ita vellet: etiā vēdita (si op⁹ sit) Basilica S. Petri, de suis pecunijs dare illis: a quorū plurimis quidā concionatores veniarum pecuniam eliciunt.

42 Vana est fiducia salutis ꝑ literas veniarū etiā si Commissarius: immo Papa ip̄e suam animam ꝓ illis impignoraret.

43 Hostes Christi et Pape: sunt ij: qui propter venias p̄dicādas verbū dei in alijs ecclesijs penitus silere iubent.

44 Iniuria fit v̄bo Dei: dū in eodē ꝑmōe: equale vel longius tp̄s impenditur venijs q̄ illi.

45 Mens Pape necessario est q̄ si venie (qō minimū est) vna cāpana: vnis pōpis et ceremonijs celebrantur.

46 Euāgeliū (qō maximū est) centū cāpanis: cētū pōpis: centū ceremonijs p̄dicetur.

47 Thezauri ecclesie: vnde Papa dat indulgentias: neq; satis nominati sunt: neq; cogniti apud populum Christi.

48 Tempales certe nō esse patet q̄ nō tam facile eos ꝓfundūt: sed tantūmodo colligūt multi Concionatorum.

49 Nec sunt merita Christi et sanctorū: q: hec semꝑ sine Papa: opantur gratiam hominis interioris: et crucē mortem infernumq; exterioris.

50 Thesauros ecclesie S. Laurentius dixit esse: pauperes ecclesie: sed locutus est vsu vocabuli suo tempore,

51 Sn̄ temere itate dicim⁹ claues eccl̄ie (merito Cristi donatas) eē thesauꝝ istū

52 Clarū est enī q̄ ad remissionē penarū et casuū sola sufficit ptās Pape.

53 Verus thesaurus ecclesie est sacrosanctū Euangeliū glorie et gratie Dei.

54 Hic aūt est merito odiosissimus: quia ex primis facit nouissimos.

55 Thesaur⁹ aūt indulgētiaꝝ merito est gratissim⁹: q: ex nouissimis facit p̄ios.

56 Igitur thesauri Euāgelici rhetia sunt: quibus olim piscant̄ viros diuitiarū.

57 Thesauri indulgentiaꝝ rhetia sunt: quib⁹ nūc piscabātur diuitias virorum.

58 Indulgentie: quas Cōcionatores vociferantur maxias gr̄as: intelliguntur vere tales: quo ad questum ꝓmouendum.

59 Sunt tamē re vera minime ad gratiam Dei et Crucis pietatem compate.

60 Tenentur Ep̄i et Curati veniarū Apostolicarū Cōmissarios cū om̄i reuerentia admittere.

61 Sed magis tenent̄ oībus oculis intendere: om̄ib⁹ auribus aduertere: ne ꝓ cōmissione Pape sua illi somnia p̄dicent.

62 Contra veniarū Aplicaꝝ veritatē: qui loquit̄: sit ille anathēa et maledictus

63 Qui vero cōtra libidinē ac licentiā verboꝝ Concionatoris veniarū: curam agit: Sit ille benedictus.

64 Sicut Papa iuste fulminat eos: qui in fraudē negocii veniarum quacunq; arte machinantur

65 Multo magis fulminare intendit eos: qui per veniarum p̄textum in fraudē sancte charitatis et veritatis machinantur.

66 Opinari venias papales tantas esse vt soluere possint hominē: etiā si quis ꝑ impossibile Dei genitricem violasset Est insanire.

67 Dicim⁹ cōtra q̄ venie Papales: nec minimū venialium peccatorum tollere possint: quo ad culpam.

68 Quod dicit̄: nec si. S. Petrus mō Papa esset: maiores gr̄as donare posset: est blasphemia in. S. Petrum et Papam.

69 Dicimus cōtra: q̄ etiaz iste et quilibet Papa maiores hz: scz Euangelium: virtutes: gr̄as curationū 2c̄. vt .1. Corin: 12.

70 Dicere crucem armis Papalibus insigniter erectam: Cruci Christi equiualere: Blasphemia est.

71 Rationē reddent Ep̄i: Curati: et Theologi: Qui tales sermones in populū licere sinunt.

72 Facit hec licentiosa veniarū p̄dicatio: vt nec reuerentiā Pape facile sit etiam doctis viris redimere a calūnijs: aut certe argutis questiōibus laicorum.

73 Scz cur Papa nō euacuat purgatoriū ꝓpter sanctissimā charitatē: et summā animaꝝ necessitatē vt cām oīm iustissimā: Si infinitas animas redimit ꝓpter pecuniam funestiss: ad structuram Basilice vt causam leuissimam.

74 Itē cur ꝑmanent exequie et anniuersaria defunctorū: 2 nō reddit: aut recipi

75 ꝑmittit bn̄ficia ꝓ illis instituta: cū iam sit iniuria ꝓ redemptis orare.

76 Itē que illa noua pietas Dei et Pape: q̄ impio et inimicō ꝓpter pecuniā cōcedunt: animā piam et amicam dei redimere: Et tn̄ ꝓpter necessitatē ipsius met pie et dilecte anime: nō redimūt eam gratuite charitate.

77 Itē Cur Canones pn̄iales, reipa et nō vsu: iā diu in semet abrogati et mortui. Adhuc tn̄ pecunijs redimunt̄ ꝑ ꝯcessionē indulgētiaꝝ tāq̄ viuacissimi.

78 Itē Cur Papa cuius opes hodie sunt opulentissimis Crassis crassiores Nō de suis pecunijs magis q̄ pauperꝝ fideliū struit vnā tm̄ Basilicā S. P

79 Item: Quid remitit: aut ꝑticipat Papa ijs: qui per cōtritionē ꝑfectam, ius habent plenarie remissionis et participationis.

80 Item Quid adderetur ecclesie boni maioris. Si Papa sicut semel facit: ita centies in die cuilibet fidelium has remissiones et participationes tribueret

81 Ex quo Papa salutem querit animaꝝ ꝑ venias magis q̄ pecunias: Cur suspendit literas et venias iam olim cōcessas: cum sint eque efficaces.

82 Hec scrupulosissima laicoꝝ argumēta: sola ptāte cōpescere: nec reddita rōne diluere. Est ecclesiā et Papā hostib⁹ ridendos exponere et infelices christianos facere.

83 Si ergo venie ꝑm spiritum et mentem Pape p̄dicarentur: facile illa omnia soluerentur: immo non essent.

84 Valeāt itaq; oēs illi ꝓphete: q̄ dicūt populo Christi: pax pax et nō est pax

85 Bn̄ agāt oēs illi ꝓphete qui dicūt populo Christi: Crux crux: et nō est crux.

86 Exhortandi sunt Christiani vt Caput suum Christū per penas: mortes: infernosq; sequi studeant.

87 Ac sic magis per multas tribulationes intrare celum: q̄ per securitatem pacis confidant.

1517.

den diejenigen mit ihren Lehrern verdammt werden, die glauben, dass ihnen aufgrund der Ablassbriefe ihr Heil sicher ist.«

Den Papst selbst nimmt Luther in Schutz – man müsse die Christen lehren, dass es gerade nicht die Meinung des Papstes sei, dass der Kauf von Ablässen »in irgendeiner Hinsicht mit den Werken der Barmherzigkeit« und der persönlichen Reue gleichzustellen sei. Wenn der Papst von dem Treiben der Ablassprediger wüsste, wollte er lieber, dass der St.-Peters-Dom zu Asche verbrenne, als dass er aus der Haut, dem Fleisch und den Knochen seiner Schafe erbaut würde. Wer den Armen gebe und sich dem Werk der christlichen Liebe widme, handele besser, als wenn er Ablässe kaufe. Zum Schluss wird der Ton dann doch provokanter: In These 86 heißt es: »Warum baut der Papst, dessen Reichtümer heute größer sind als die des reichsten Crassus, nicht wenigstens diesen einen Petersdom lieber von seinem Geld als von dem der armen Glaubenden?«

1518/19 verschärft Luther die Diskussion mit einer Schrift, deren Machart auch nach heutigen journalistischen Maßstäben als professionell zu bezeichnen ist. Schon der Titel, *»Sermon von dem Ablass und Gnade«*, verspricht dem Leser einen leicht eingängigen, populären, predigtähnlich gestalteten Text und keine wissenschaftliche Abhandlung. Die »geschriebene Predigt« ist kurz, prägnant und allgemeinverständlich in einer Schriftsprache formuliert, die der des gesprochenen Wortes sehr nahekommt. Nicht zuletzt deshalb erzielte das schmale Buch eine internationale Resonanz. Bald nach seinem Erscheinen wurde der *»Sermon«* ins Niederdeutsche, Holländi-

gegenüber:
Luthers 95 Thesen in lateinischer Sprache, Einblattdruck von Hieronymus Höltzel, Nürnberg 1517

Johannes Tezelius Dominicaner Münch/mit seinen Römischen Ablaßkram/welchen er im Jahr Christi 1517. in Deutzschenlanden zu marckt gebracht/wie er in der Kirchen zu Pirn in seinem Vaterland abgemahlet ist.

O jhr deutschen mercket mich recht/
Des heiligen Vaters Papstes Knecht/
Bin ich/vnd bring euch jtzt allein/
Zehn tausent vnd neun hundert carein/
Gnad vnd Ablaß von einer Sünd/
Vor euch/ewer Eltern/Weib vnd Kind/
Sol ein jeder gewehret sein
So viel jhr leget ins Kästelein/
So bald der Gülden im Becken klingt/
Im huy die Seel im Himel springt/

Als Babst Leo der zehend genandt/
Nu mehr fast vnmüglich befand/
Das er das Römisch Jubel Jahr
Erlebet/hat er die faule wahr/
Des Ablaßkrams in Deutschenland/
Durch seine Kramknecht ausgesandt/
Dazu sich denn ohn all verdrieß/
Johann Tetzel gebrauchen ließ/
Der was jtzt kaum dem Hencker entlauffen/
Als er wegen Ehebruchs solt ersauffen/
Wo nicht der from Fürst Friederich/
Seiner het angenommen sich/
Vnd beim Keyser Maximilian/
Ein gnedigste Fürbit gethan/
Hierbey es aber so nicht blieb/
Aus eim Ehebrecher wurd ein Dieb/
Welchr durch vermeint gewalt vnd macht/
Viel Gelds vnd Guts zu weg gebracht/
Als er die blinde Welt bered/
Das er den Himel feil tragen thet/
Wenn man nu Gelt gnug gebe dar/
Hets mit den Menschen kein gefahr/
So bald der Grosch im Kasten klingt/
So bald die Seel in Himel sich schwingt/
Durch diesen Teuffelischen Tandt/
Hat er betrogen sein Vaterland/
Biß jhn Gott hat ins Spiel gesehen/
Durch Doctor Luthern seligen/
Welcher jhm seinen Krämertisch/
Gewaltiglich zu Boden stieß/
Daher/Gott lob/biß auff die zeit/
Der Ablaßkram zerstrewet leit/
So bleibet nun Christi verdienst/
Einig allein vnser Gewinst/
Des Tetzels Kram vnd Bapsts Betrug/
Findet bey vns kein recht noch fug.

sche, Dänische und Tschechische übersetzt und sogar ins Lateinische rückübertragen. Damit konnte die Kirche das »Problem Luther« nicht mehr unauffällig im Stillen lösen.

Beides zusammen, die dezidierte Kritik am Finanzgebaren der römischen Kurie und ihre rasche Veröffentlichung, versetzten Luther wieder in Bewegung. Inzwischen hatten sich jedoch die Begleitumstände seiner Reisen völlig verändert: Er reiste mit kurfürstlichem Geleitbrief, weltliche und kirchliche Würdenträger luden ihn ein, Kutschen wurden bereitgestellt. Es kam zu Menschenaufläufen und massenhaften Solidaritätsbekundungen. Andererseits benötigte er jetzt »Personenschutz«: Seine Freunde warnten ihn davor – auch wegen der ständigen schweren Überfälle auf den Landstraßen –, allein zu reisen. Von vielen Kanzeln im Land wurde prophezeit, dass er binnen 14 Tagen auf dem Scheiterhaufen der Inquisition enden werde. Luther verstand all dies als Zeichen für die von Gott bestätigte Rechtmäßigkeit seines Tuns – nichts hätte ihn mehr in der Gewissheit bestärken können, auf dem rechten Weg zu sein.

gegenüber:
»Sobald der Gülden im Becken klingt / Im huy die Seel im Himmel springt«.

Der berüchtigte Ablassprediger Johann Tetzel (1465–1519), protestantisches Flugblatt (nach 1546), Holzschnitt und Typendruck

Heidelberg

Der erste Einsatz im Dienst der Reformbewegung erfolgte in Heidelberg. Luther war aufgefordert worden, auf dem Generalkapitel der deutschen Reformkongregation der Augustiner-Eremiten seine Thesen vorzustellen. Anfang April brach er in Gesellschaft eines Augustinerbruders und eines Boten auf – zu Fuß und damit noch immer der Ordensregel entsprechend, die dies als Geste der Demut verlangte. Aber aus dem namenlosen Mönch war eine öffentliche Person geworden.

In Erfurt empfing ihn der Rektor der Universität, in Würzburg Fürstbischof Bibra. Von dort aus ver-

Heidelberger Schloss, Kupferstich (1620) von Matthäus Merian dem Älteren (1593–1650)

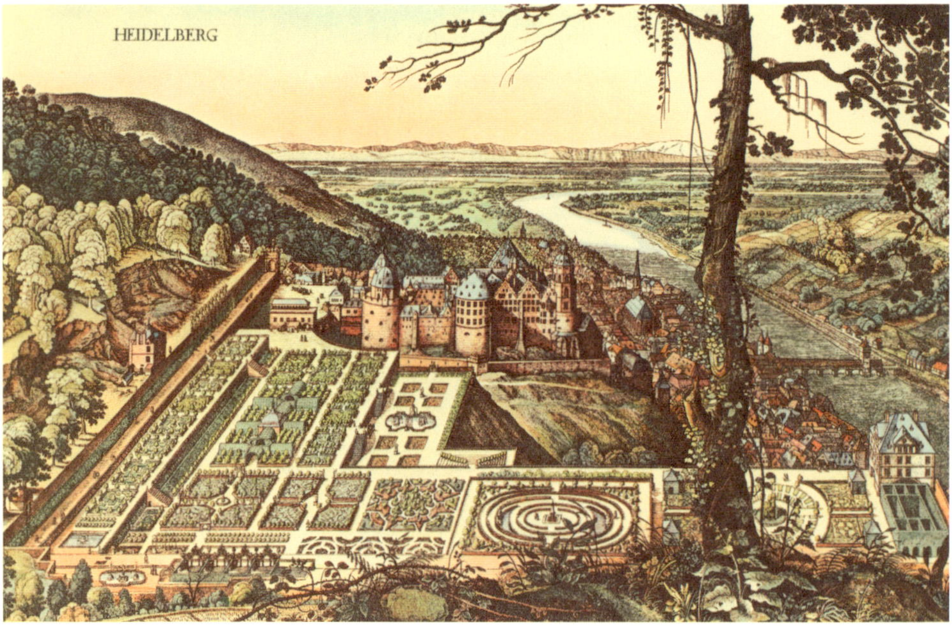

lief die Reise in einem komfortableren Rahmen, im Wagen der Würzburger Ordensbrüder und in Gesellschaft des mit Luther befreundeten Johannes Lange, der dem Erfurter Augustinerkloster als Prior vorstand. Um den 20. April 1518 trafen sie in Heidelberg ein. Dort lud ihn – auch dies wäre zuvor undenkbar gewesen – der jüngere Bruder des Kurfürsten Ludwigs V., Pfalzgraf Wolfgang, zum Essen ins Schloss ein. Der hatte 1515 in Wittenberg studiert.

Die Versammlung selbst fand in der »Schola Artistarum« der Heidelberger Universität statt, sodass neben Ordensmitgliedern auch Universitätsangehörige anwesend waren, als Luther seine Thesen zur Diskussion stellte; vor allem jüngere Mitglieder der Artistenfakultät und Studenten reagierten offenbar begeistert. Zustimmung fand nicht nur Luthers Argumentation, sondern auch sein Auftreten. Der Heidelberger Pfalzgraf schrieb an den Kurfürsten von Sachsen, Luther habe »besondere Anmut im Antworten, unvergleichliche Geduld im Anhören der Gegner und Paulinische(n) Scharfsinn gezeigt«[45]. Die Rückreise gestaltete sich recht bequem: Verschiedene Klöster stellten für die einzelnen Etappen ihre Wagen zur Verfügung. Mitte Mai 1518 war Luther wieder zu Hause.

[Die Artistenfakultät ist mit der heutigen Oberstufe des Gymnasiums zu vergleichen, in der Allgemeinbildung vermittelt werden soll. Gelehrt wurden darin die »septem artes liberales« (die sieben freien Künste): Grammatik, Rhetorik, Dialektik, Arithmetik, Geometrie, Musik und Astronomie.]

Augsburg

Im Sommer 1518 hatte der päpstliche Sachverständige für Glaubensfragen, der Dominikaner Silvester Prierias, ein Gutachten über die 95 Thesen erstellt. Luther war sich inzwischen seiner Sache so sicher, dass er einen Kommentar dazu verfasste und ihn zusammen mit dem Gutachten veröffentlichen ließ. Am 7. August 1518 bestellte ihn der Papst binnen sechzig Tagen nach Rom. Luthers Landesherr und Arbeitgeber, Kurfürst Friedrich der Weise von Brandenburg, schaltete sich ein. Ihm gelang es, die Anhörung nach Augsburg zu verlagern, wo der nächste Reichstag stattfinden sollte; dort würde Luther auf den päpstlichen Vertreter, Kardinal Thomas Cajetan, treffen. Hinter diesem vermeintlichen Einlenken der römischen Kurie stand ein politischer Machtpoker: Die nächste Kaiserwahl stand bevor, und es galt, sich

Verhör Martin Luthers durch den päpstlichen Legaten Thomas Cajetan während des Reichstages in Augsburg im Oktober 1518, Holzschnitt, Straßburg 1557

die Stimme des sächsischen Kurfürsten für den vom Papst favorisierten Kandidaten zu sichern.

Zu Fuß und ohne Geleit reiste Luther nach Augsburg; nur für die letzten drei Meilen nahm er »aus allzu großer Müdigkeit und wegen einer ihm zugestoßenen Magenbeschwerung«[46] einen Wagen.

Das Verhör fand vom 12. bis zum 14. Oktober statt. Am dritten Tag legte Luther dem Kardinal eine schriftliche Begründung vor, in der er unter anderem darlegte, dass auch der Papst irren könne. Inzwischen verschärfte sich die Situation jedoch insofern, als Rom die Auslieferung des ketzerischen Mönchs verlangte. Luther reagierte bedachtsam: Er kündigte Cajetan zunächst seine bevorstehende Abreise an, gestaltete diese jedoch bewusst unauffällig: Auf einem »hartdrabenden Klöpper«[47] und nur in Begleitung eines ortskundigen Reiters verließ er im Morgengrauen inkognito die Stadt. In Gräfenthal bei Saalfeld aber wurde er bereits wieder erkannt; der Luthers Ideen gegenüber aufgeschlossene Graf Albrecht VII. von Mansfeld lud ihn ein – und am 31. Oktober 1518 kehrte Luther glücklich wieder nach Wittenberg zurück.

Kardinal Cajetan hatte Luther argumentativ nicht überzeugen können. »Er brachte nie«, so hat dieser sich später geäußert, »auch nur eine Silbe der Heiligen Schriften gegen mich vor«[48]; nichts also, was aus den Quellen des christlichen Selbstverständnisses heraus die Thesen widerlegt hätte. Im Gegenteil, Luther hatte sich vor einem Vertreter der Kirche behauptet – und wurde von dieser offenbar als ernstzunehmende Gefahr betrachtet.

Beflügelt verfasste er in rascher Folge ein Buch, eine Schrift nach der anderen, mal in Deutsch, mal in

Das Veste Schloß Pleißenbürg zü Leipzig, und wie solches von
den Schwedischen zür vbergab bezwungen worden, Anno 1642.
Pleiß fl.

Latein: Keine akademischen Abhandlungen, sondern praxisbezogene Erläuterungen zu Grundthemen des christlichen Menschseins, etwa zur rechten Art des Sterbens, zum Stand der Ehe, zu den Sakramenten – und zum Wucher. Alle fanden reißenden Absatz.

Die Reaktion der Gegenseite: Der Ingolstädter Theologie-Professor Johannes Eck, zugleich Domherr des Hochstiftes Eichstätt und Inquisitor zu Bayern und Franken, fordert Luther zu einem Rededuell heraus, das als die »Leipziger Disputation« in die Geschichte eingegangen ist.

gegenüber:
Die Pleißenburg während der Belagerung durch die Schweden 1642, Kupferstich (1643)

Leipzig

Schon der Einzug hatte Ereignischarakter: Hintereinander fuhren am 24. Juni 1519 zwei Wagen durch das Leipziger Stadttor, besetzt mit Luthers Doktorvater und Mitstreiter Andreas Bodenstein von Karlstadt sowie mit Luther selbst, Philipp Melanchthon und dem Rektor der Wittenberger Universität, Herzog Barnim von Pommern. Zweihundert Wittenberger Studenten, mit Streitäxten und Hellebarden bewaffnet, liefen neben den Wagen her. Während Eck beim Bürgermeister Quartier erhalten hatte, wohnten Luther und seine Begleiter bei dem Buchdrucker Melchior Lotter. Die von der Leipziger Universität organisierte Disputation fand nicht in deren Räumen, sondern in der Pleißenburg statt, da nur hier ein ausreichend großer Saal vorhanden war.

Zum Auftakt sang der Thomanerchor eine zwölfstimmige Messe. Vier Notare zeichneten die Ausführungen auf. Fast drei Wochen sollte die Veranstaltung dauern, der meistens auch der Hausherr, Herzog Georg der Bärtige, beiwohnte. Während sich Eck als glänzender Rhetoriker gegen Karlstadt noch gut behaupten konnte, ging das Streitgespräch mit Luther (der von Melanchthon tatkräftig mit zugesteckten Zetteln unterstützt wurde) unentschieden aus.

Zum Abschluss erklangen erneut die Thomaner und die Leipziger Stadtpfeifer. Die Theologen der Leipziger Fakultät feierten Eck als Sieger. Luther hatte sich durch Ecks geschicktes Argumentieren zu einer Aussage verleiten lassen, die schließlich den endgültigen Bruch mit Rom bedeutete: Er hatte behauptet, dass auch Kirchenkonzilien irren könnten – und als Beispiel die Geschichte des Priesters und Rektors der Prager Universität, Jan Hus, angeführt, der 1415 wegen seiner kirchenkritischen Einstellung durch das Konstanzer Konzil zum Tode verurteilt und auf dem Scheiterhaufen verbrannt worden war. Auch Hus hatte sich bereits gegen den Ablasshandel eingesetzt und die Vorstellung vertreten, Gottes Gnade könne nicht käuflich sein. Wer, wie Luther, die Hinrichtung im Rückblick als Fehlurteil kritisierte, musste selbst ein Ketzer sein. Luther hat Hus seit dieser Zeit als seinen Vorläufer betrachtet. Deutlich wird dies auf den vielen ganzfigurigen Porträts, auf denen er von einem Schwan begleitet wird. Hus (tschechisch Gans) soll vor seinem Tode geäußert haben, hier verbrenne man eine Gans, aber in hundert Jahren werde sie als Schwan auferstehen – eine Prophezeiung, die man später auf Luther und seine Fortsetzung des durch Hus begonnenen Reformwerks bezogen hat.

Luther als Bibellehrer mit dem Schwan, Kupferstich (um 1650)

Zwischen Fahrten nach Liebenwerda und ins Antoniterkloster Lichtenberg in Prettin, wo Luther, »begleitet von ziemlichem Reitergefolge«[49], einige Male mit dem päpstlichen Nuntius in Sachsen, Karl von Miltitz, sprach, verfasste er Bücher, die bis heute zu den Grundschriften der Reformation zählen: *»An den christlichen Adel deutscher Nation«*, *»Von der babylonischen Gefangenschaft der Kirche«*.

[Der Antoniter-Orden wurde 1059 als Laiengemeinschaft gegründet. Er beruft sich auf Antonius den Großen (um 251–356), der als Vater des christlichen Mönchtums gilt. Die Antoniterbrüder widmeten sich vor allem der Pflege der an Mutterkornbrand (auch »Antoniusfeuer«) Erkrankten.]

Im Juni 1520 spitzte sich die Situation endgültig zu: Der Papst veröffentlichte unter dem Titel *»Exsurge Domine«* [Erhebe Dich, Herr] eine gegen Luther gerichtete Bannbulle, was bedeutete: Innerhalb von sechzig Tagen hatte er 41 seiner Thesen zu widerrufen. Sonst drohten die Exkommunikation und die Auslieferung an Rom. In Köln und Löwen verbrannte man bereits Luthers Bücher. Dieser versucht eine erneute Rechtfertigung und verfasst die Schrift *»Von der Freiheit eines Christenmenschen«*, die er Papst Leo X. zuschickt: eine glasklare, bilderreiche und mit Herzblut verfasste Argumentationskette. Sie läuft darauf hinaus, dass die Beziehung zwischen Mensch und Gott die Vermittlung durch Priester, Bischof, Kardinal und Papst nicht benötigt, sondern sich allein auf die »Predigt« Christi, das Evangelium, berufen kann. Auch damit konnte Luther jedoch nicht überzeugen. Die Widerspruchsfrist lief ab, und er verbrannte sein Exemplar der Bannbulle mit anderen Büchern des päpstlichen Rechts Anfang Dezember vor dem Wittenberger Stadttor.

Gleichzeitig verfasste er auf das Verlangen Friedrichs des Weisen hin eine genaue Begründung der in der Bannbulle inkriminierten Thesen. In ihr wird der Papst nicht mehr in Schutz genommen, sondern auf das Schärfste angegriffen: Leo X. sei in Wirklichkeit nicht der von Gott bestellte Oberhirte, sondern der als Papst getarnte »Antichrist«, der Gegenspieler Gottes also. Was heute wie eine gotteslästerliche Provokation anmutet, entsprach zu Luthers Zeiten einer weit verbreiteten Vorstellung. Gestützt auf mehrere Erwähnungen im Neuen Testament, vor allem auf die Johannes-Apokalypse, glaubte man an die Existenz eines »Verführers«, der falsche Lehren verbreitet. Nach dieser Vorstellung tritt der Antichrist im Gewande des Erlösers selbst auf; er setzt sich an Gottes Stelle, er verlangt die absolute Weltherrschaft und errichtet diese durch Terror und Korruption. Schon Augustinus war im 4. Jahrhundert davon überzeugt gewesen, es existiere eine vom Teufel geleitete Gegenkirche.

Die Antwort auf Luthers Provokation lautete: Exkommunikation. Am 3. Januar 1521 wurde sie ausgesprochen, und im März erhielt Luther die Vorladung zum Reichstag nach Worms. Friedrich der Weise hatte es erreicht, dass Luther eine unparteiische Anhörung vor dem jungen, gerade erst gewählten Kaiser Karl V. zugesichert wurde.

Worms

»Luthers offentliche verher zu worms im Reichstag ... am 17. tag Aprilis 1521«, undatierter Holzschnitt

Die Reise verlief anders als alle vorigen. Von der Stadt bekam Luther eine Kutsche gestellt. Ein kaiserlicher Herold begleitete die Reisegruppe, der neben Luther auch einige Kollegen und Freunde angehörten. In Leipzig wurden sie vom Magistrat mit einem Ehrentrunk begrüßt, in Erfurt kam ihnen ein großer Willkommenszug entgegen, und als Luther an seiner einstigen Wirkungsstätte abends predigte, war die Augustinerkirche bis auf den letzten Platz gefüllt; so verhielt es sich auch in Eisenach.

Als die Reisegesellschaft am 6. April 1521 Worms erreicht, erwarten sie zweitausend Schaulustige. Die Stadt ist wegen des Reichstages völlig überfüllt, und Luther gilt offenbar inzwischen als eine Art Volksheld: »Nun fuhr ich auf einem offenen Wagen in meiner Mönchskutte zu Worms ein«[50], wird er sich später an den großen Moment erinnern. Bis spät in die Nacht erhält er Besuch, auch von zahlreichen Vertretern des Klerus. Der päpstliche Nuntius Hieronymus Aleander zeigte sich sehr erstaunt darüber, wie »fast der ganze Clerus außer den Pfarrern von der Ketzerei angesteckt war«[51]. Der Hof seines Gasthauses war Tag und Nacht mit Menschen gefüllt, die darauf warteten, ihn zu sehen, gleich nach der Ankunft hatte ein Pfarrer dreimal Luthers Gewand berührt, als sei es eine Reliquie.[52]

Den Sitz des Bischofs, wo ihn der Kaiser inmitten der Kurfürsten, Fürsten und Herzöge erwartete, konnte er schließlich nur über Seitenstraßen er-

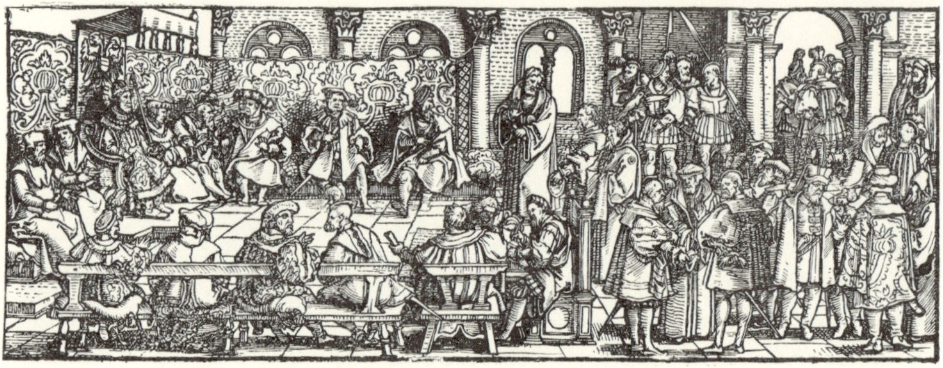

Martin Luther auf dem Reichstag zu Worms vor Kaiser und Kurfürsten, 17./18. April 1521, Holzschnitt von Hans Sebald Beham (1500–1550)

reichen; die Hauptwege waren durch Schaulustige verstopft. Die harte Verhandlung vor den obersten Vertretern der weltlichen Macht endete nach zwei Tagen mit Luthers berühmten Sätzen: »Wenn ich nicht durch Schriftzeugnisse oder einen klaren Vernunftgrund widerlegt werde – denn dem Papst oder den Konzilien allein glaube ich nicht, da sie offenkundig häufig geirrt und sich auch selbst widersprochen haben –, so bin ich durch die von mir angeführten Schriftworte bezwungen, und mein Gewissen ist in den Worten Gottes gefangen. So kann und will ich nichts widerrufen, weil es gefährlich und verderblich ist, etwas gegen das Gewissen zu tun. Gott helfe mir, Amen.«[53] Am 26. April trat Luther die Rückreise an.

REISE NACH »PATMOS«:

Die Auszeit auf der Wartburg

Auf dem Rückweg Ende April 1521 predigte Luther, wie stets in seinem Leben angstfrei und das kaiserliche Edikt missachtend, mit großem Erfolg in den Kirchen von Hersfeld und Eisenach. Nachdem man den kaiserlichen Herold heimgeschickt und die meisten übrigen Begleiter unter dem Vorwand, dieser wolle noch seine Verwandten besuchen, vorausgesandt hatte, wurde Luther von einer Reitergruppe in der Nähe von Altenstein überfallen. Mit verbundenen Augen auf ein Pferd gesetzt, schleppte man ihn in einem Zickzackkurs durch den Wald, bis man nach mehreren Stunden auf der gut befestigten Wartburg eintraf.

»Bildnis Luthers als Junker Jörg«, von Lucas Cranach dem Älteren, Holzschnitt (1522)

Die vermeintliche Räuberpistole war jedoch nur ein Manöver zur Täuschung der Öffentlichkeit. Es gelang: Allgemein wurde befürchtet, Luther sei bei der Entführung zu Tode gekommen. So hat etwa auch Albrecht Dürer, wie es ein Eintrag am 17. Mai 1521 in sein auf der »Niederländischen Reise« geführtes Tagebuch zeigt, entsetzt auf die Nachricht von Luthers Entführung reagiert: »Und so wir diesen Mann verlieren, der do klärer geschrieben hat dann nie keiner in 140 Jahrn gelebt, den du ein solchen evangelischen Geist geben hast, bitten wir dich, o himmlischer Vatter, daß du deinen heiligen Geist wiederumb gebest einem andern, der do dein heiliche christliche Kirch

»Luthers Entführung auf die Wartburg im Auftrage des Kurfürsten Friedrich von Sachsen, nach seiner Ächtung auf dem Reichstag zu Worms«, Kupferstich (1717)

[Calacuten, gemeint sind die Bewohner Indiens; die Bezeichnung geht zurück auf die Stadt Kozhikode, die auch Calicut genannt wurde]

allenthalben wieder versammel, auf daß wir all' ein und christlich wieder leben, daß aus unsern guten Werken alle Unglaubige, als Türken, Heiden, Calacuten, zu uns selbst begehren und christlichen Glauben annehmen. Aber, Herr, du willt, ehe du richtest, wie dein Sohn Jesus Christus von den Priestern sterben mußt und vom Tod erstehen und darnach gen Himmel fahren, daß es auch also gleichförmig ergehe deinem Nachfolger Martino Luther – den der Papst mit sein Geld verräterlich wider Gott umb sein Leben bringt, den wirstu erquicken.«[54]

Luther – für vogelfrei erklärt, recht- und ehrlos – war in den Plan eingeweiht gewesen, den Friedrich der Weise zu seinem Schutz entwickelt hatte. Die Idee, den überall gesuchten Rebell so zunächst aus dem Verkehr zu ziehen, erwies sich zwar als geschickter politischer Schachzug des Kurfürsten – für Luther jedoch begann eine schwere Zeit. Das Schwungrad der Erneuerungsbewegung war zunächst gestoppt, ihr 38-jähriger Protagonist saß beschäftigungslos und nur in Gesellschaft eines Verwalters auf einer einsamen, halbverfallenen Burg.

Zunächst musste er eine neue Identität annehmen: Tonsur und Kutte wichen Vollbart und weltlicher Kleidung; aus »Bruder Martinus« wurde »Junker Jörg«. Dass Luther ausgerechnet Jörg, eine Variante von »Georg«, als Decknamen wählte, mag mit alter Anhänglichkeit an die Grafschaft Mansfeld zu erklären sein, deren Schutzpatron der Hl. Georg war. Abwechslung brachte anfangs nur der Briefwechsel mit den eingeweihten Freunden, dem Wittenberger Universitätskollegen Melanchthon und dem Künstler Lucas Cranach. »Ich sitze hier als der müßigste und kläglichste Mensch den ganzen Tag«[55], schreibt er einmal. »Ich lese die griechische und die hebräische Bibel.« Seine Briefe unterschreibt er mit »aus dem Reich der Vögel«, »aus meiner Einsiedelei«, »im Luftrevier« oder »aus Patmos« – damit spielte er auf den Verbannungsort des Evangelisten Johannes an. Luther bedauert seine Untätigkeit, klagt über Gesundheitsprobleme und das schwer im Magen liegende Essen – fängt jedoch bald wieder an zu schreiben: praktisch verwendbare Texte seinem reformatorischen Ansatz verpflichtet. Die bekannteste seiner im Exil verfassten Schriften ist die »*Wartburgpostille*«: eine Sammlung von Musterpredigten für unzulänglich vorbereitete oder ausgebildete Geistliche.

Im Dezember 1521 unternahm er, noch immer in Gestalt des »Junker Jörg«, einen heimlichen Ausflug nach Wittenberg. Als er in Jena im Gasthaus »Zum Schwarzen Bären« Station machte, kam er mit zwei

Schweizer Studenten ins Gespräch, die sich – so hat einer von ihnen es in seinem Tagebuch vermerkt – über den gebildeten Adeligen wunderten: »Vermuten nicht anders, denn er wäre ein Reiter. So saß er da nach Landesgewohnheit in einem roten Schläpli, ohne Rüstung bloß in Hosen und Wams, ein Schwert bei der Seite, bei dem Tisch allein sitzend und ein Büchlein vor ihm liegend.«[56]

Um die gleiche Zeit begann er dann mit jenem herkulischen Projekt, das ihm für immer einen Platz im Heroenhimmel des deutschen Geisteslebens sichern sollte: der Übersetzung des Neuen Testaments in ein verständliches Deutsch.

Warum dieser Plan? Bibeln in deutscher Sprache gab es schon seit mehr als hundert Jahren. Ihre

Wartburg bei Eisenach, Kupferstich (1690), koloriert, von Jakob von Sandrart (1630–1708) nach Wilhelm Richter (1626–1702)

umständliche, gestelzte Sprache machte sie jedoch für die normale Bevölkerung unlesbar. Sämtliche der etwa fünfzehn in Umlauf befindlichen, fehlerdurchsetzten deutschen Bibeln beruhten auf der »Vulgata« – der über tausend Jahre alten Erstübersetzung aus den hebräisch-griechischen Urtexten. Luther war Professor für Bibelauslegung und hatte sich jahrelang mit den Schwächen des vorhandenen Materials auseinandergesetzt; daraus eine gültige Alternative zu entwickeln war ein Projekt, das ihm vielleicht schon länger mehr als notwendig erschienen war. Jetzt, in seiner »splendid isolation«, hatte er auch die Zeit dazu.

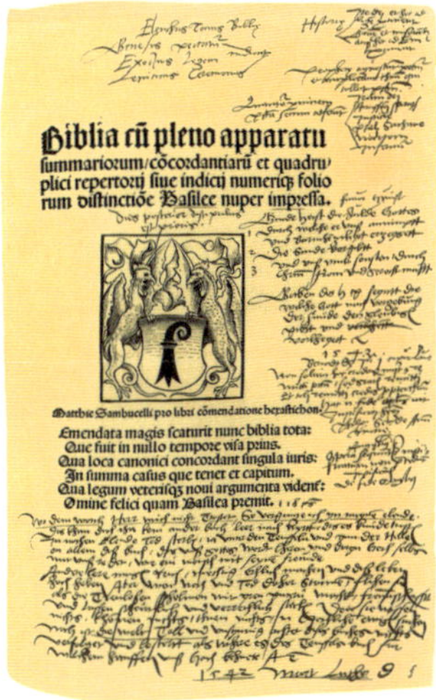

Luthers Handbibel mit Notizen, lateinische Ausgabe, Basel 1509

Neu war die Zielgruppe, die er ins Visier nahm: »Man muß nicht die Buchstaben in der lateinischen Sprache fragen, wie man soll deutsch reden, wie diese Esel tun, sondern man muß die Mutter im Haus, die Kinder auf den Gassen, den gemeinen Mann auf dem Markt drum fragen und denselbigen auf das Maul sehen, wie sie reden und danach dolmetschen; so verstehen sie es denn und merken, daß man deutsch mit ihnen redet.«[57] Nicht die Theologen, sondern die einfachen Leute also wollte Luther ansprechen, und ihre Sprache war der Maßstab, an dem sich seine Übersetzungstätigkeit messen sollte. Für 220 Seiten brauchte Luther nur vier Monate. Doch die Arbeit vollzog sich unter Qualen, Luther träumte schlecht und fühlte sich von Teufeln verfolgt. Der berühmte Tintenfleck an der Wand seiner Schreibstube gilt heute als Legende – entstanden vielleicht lange nach seinem Tod aufgrund von Luthers Bemerkung, er habe den Teufel mit Tinte bekämpft.

Das Resultat dieser »Reise in die Stille« war nicht nur ein noch heute gültiger Text, sondern auch, wie sich gezeigt hat, ein wichtiger Beitrag zur Ausbildung der deutschen Standardsprache. Als besonders kreative Leistung ist die Erfindung neuer Worte und eingängiger Wendungen zu bewundern, die Eingang in unsere Umgangssprache gefunden haben. Ausdrücke wie »Feuertaufe«, »Bluthund«, »Schandfleck«, »Machtwort«, »Lückenbüßer«, »Gewissensbisse«, »Lästermaul« und »Lockvogel« stammen ebenso von Luther wie eine Reihe bildkräftiger Redensarten: »Perlen vor die Säue werfen«, »ein Buch mit sieben Siegeln«, »die Zähne zusammenbeißen«, »im Dunkeln tappen«, »ein Herz und eine Seele«, »auf Sand bauen«, »Wolf im Schafspelz«, »der große Unbekannte«, etwas »ausposaunen«.[58] Auch Sprichwörter wie »Den Seinen gibt's der Herr im Schlaf«, »Hochmut kommt vor dem Fall« oder »Die Ersten werden die Letzten sein« verdanken sich einer kraftvollen Stilistik, die Sachverhalte so auf den Punkt bringt, dass man sie nicht wieder vergisst.

Anfang 1522 drang selbst zu dem isoliert lebenden Luther durch, dass die Situation in Wittenberg zu eskalieren drohte: Randalieren und blindwütiges Zerstören von Kircheninventar konnten der Sache der Reformation mehr schaden als nutzen. Gegen den Willen des Kurfürsten entschloss sich Luther zur Rückkehr. Als er die Wartburg am 1. März 1522 endgültig verließ, hatte er sein Manuskript bei sich. Im September desselben Jahres wurde der Text bei Melchior Lotter in der ungewöhnlich hohen Auflage von dreitausend Stück in Wittenberg gedruckt. Zur Illustration der Johannes-Offenbarung hatte Cranach, dessen Graphik an der Verbreitung des reformatorischen Gedankens großen Anteil hatte, einundzwanzig große, eindrucksvolle Holzschnitte entworfen.

In die Geschichte des Buchdrucks eingegangen als das »*Septembertestament*«, war diese erste Ausgabe des neuen Testaments in kurzer Zeit vergriffen; noch im Dezember 1522, im selben Jahr, erschien eine Neuauflage. Viel schwieriger gestaltete sich die Übersetzung des Alten Testaments aus dem hebräischen Urtext, die Luther zusammen mit seinen Freunden Melanchthon und Matthäus Aurogallus unternahm; erst 1534 ist die gesamte Bibel erschienen. Ihren außerordentlichen Erfolg verdankt die »Lutherbibel« nicht zuletzt ihrer Orientierung am gesprochenen Deutsch: Der Text eignete sich bestens zum Vorlesen und war damit auch für den größten Teil der Bevölkerung zugänglich.

»Das Newe Testament Deutzsch. Vittemberg«, Titel der ersten Ausgabe von Luthers Übersetzung des Neuen Testaments

FAHRTEN EINES GEÄCHTETEN FAMILIENVATERS:

Borna, Grimma, Marburg, Merseburg – und die Veste Coburg

Martin Luther als Augustinermönch, Gemälde (um 1522/24) von Lucas Cranach dem Älteren

Bereits zwei Tage nach seinem Abschied von der Wartburg kehrte er »im ›Schwarzen Bären‹ in Jena ein und weilte am 5. März im Hause des Geleitsmannes Michael von der Straßen in Borna, wo er eine Weinspende vom Rat der Stadt erhielt. (…) Luther ritt – wohl über Eilenburg – und traf bereits am 6. März in Wittenberg ein. Vom 24. oder 25. April befand sich der Reformator bis 6. Mai unterwegs nach Zwickau und zurück. Am 27. zog er von Borna nach Altenburg und am 28. weiter nach Zwickau. Er ritt ›frühe gantz nacht‹ am 3. Mai in Zwickau weg und predigte noch am selben Tage in Borna. Tags darauf predigte er über Johannes 10.12, dann gab ihm Michael von der Straßen das Geleit nach Eilenburg. Am 6. weilte er in Torgau. – Zu abermaligen Beratungen mit den Altenburgern befand sich Luther am 11. Mai in Borna. Bereits am 12. kehrte er über Eilenburg nach Wittenberg zurück. – Im Oktober 1522 reiste er, unter anderem mit Melanchthon und Johannes Agricola, nach Weimar und Erfurt. Die Abreise von Weimar erfolgte am 30. Oktober, die Rückkehr nach Wittenberg spätestens am 1. November, an dem Luther dort über Matthäus 5 predigte.«[59]

Wie dieser Auszug aus einem Bericht über Luthers Reiseaktivitäten des Jahres 1522 zeigt: Die zunehmende Akzeptanz der Reformation zwang ihn zu einem unruhigen Leben zwischen offiziellen Terminen, Geschäftsreisen im Dienste des kursächsischen Hofs und der Landesverwaltung sowie Predigten »außer Haus«. Luthers Rolle wurde zunehmend eine politische. Grundsätzlich unterschieden sich seine Fahrten von den früheren Reisen nun vor allem durch ihren beschränkten Radius. 1524 hatte Luther zwar in der Wittenberger Stadtkirche demonstrativ die Mönchskutte abgelegt – aber er war noch immer vogelfrei. Nur im Hoheitsgebiet Friedrichs des Weisen konnte er sich völlig sicher fühlen, während er schon das angrenzende »Ernestinische« Kursachsen zu meiden hatte und dessen Territorium auf »Umgehungsstraßen« unberührt lassen mußte.[60]

Inzwischen hatten sich schon seit Jahrzehnten schwelende Protestaktionen der Landbevölkerung gegen die Obrigkeit zu massenhaften bewaffneten Konfrontationen ausgeweitet. Größere Gruppen der in diesem Kampf vereinten Bauern und Bürger beriefen sich auf Luthers Schrift »*Von der Freiheit eines Christenmenschen*«. Dieser fühlte sich jedoch missverstanden und sah sich aufgerufen, moderierend auf die Auseinandersetzungen einzuwirken. Anfang Mai 1525 führte ihn daher eine Reise nach Eisleben, mitten in das Aufstandsgebiet.[61] Seine Vorstellung, durch persönliche Präsenz den Streit schlichten zu können, ließ sich nicht verwirklichen; fast wäre Luther selbst, während einer Predigt in Nordhausen, Opfer des Aufstands geworden. Das persönliche Erleben der Gewalt beförderte seine obrigkeitsfreund-

Luther mit Barett, Gemälde (1528) aus der Werkstatt Lucas Cranachs des Älteren

liche Position, die auch bald in Flugschriften nachzulesen war: Der Anführer der Bauernkrieger, der von Mühlhausen aus agierende Thomas Müntzer, wurde ihm zum »ertzteuffel, der zu Möhlhusen regirt«[62] und die das Bauernheer vernichtende Schlacht bei Frankenhausen am 15. Mai 1525 zum Gottesgericht. Das monumentale Bauernkriegspanorama mit Werner Tübkes berühmtem Rundbild bewahrt das Gedächtnis an diese historische Situation, die von der DDR zum Gründungsmythos eines neuen, besseren Deutschland stilisiert wurde.

1526 – Luthers Begegnung mit Karl V. war erst fünf Jahre her – hatte der Reichstag beschlossen, die Wahl der Konfession künftig dem jeweiligen Landesherrn zu überlassen. Kurfürsten, Fürsten und einzelne Städte schlossen sich der Reformation an, was eine erhöhte Vermittlungs- und Diskussionstätigkeit Luthers erforderte. So wurde er – gedrängt durch Philipp von Hessen – zum Religionsgespräch mit dem Schweizer Reformator Ulrich Zwingli vom 27. September bis zum 4. Oktober 1529 nach Marburg gebeten, wohin er mit Justus Jonas und Melanchthon Mitte September aufbrach. Der Weg führte über Torgau, Grimma, Altenburg, Jena, Weimar, Gotha und Eisenach. Die etwa vierzig Kilometer voneinander entfernt liegenden Stationen markieren die normalen Abstände einer Tagesreise; hier fanden sich auch entsprechende Übernachtungsmöglichkeiten. Unter günstigen Umständen ließen sich auch zwei solcher Strecken an einem Tag bewältigen.[63]

Anfang 1530 bat der Kurfürst in Vorbereitung auf den nächsten Reichstag Luther und die Mitreformatoren Jonas, Bugenhagen und Melanchthon zur

Stadtansicht von Coburg, Kupferstich (1630) von Eberhard Kieser (1583–1631)

Konferenz nach Torgau. Im April begab sich die sächsische Delegation nach Augsburg. Luther blieb allerdings aus Sicherheitsgründen auf der ganz im Süden des Landes gelegenen Veste Coburg und verfolgte von dort das Geschehen – die aktive Rolle des Reformationspolitikers fiel nun Melanchthon zu. Wieder erlebt er eine Auszeit auf einer Burg, die er als Erkenntnisort, als seinen Berg »Sinai« und damit als den Ort beschreibt, an dem Moses die Offenbarung Gottes und die Übergabe der Tafeln mit den Zehn Geboten zuteil wurde.[64] Der Sinai solle ihm zum Berg Zion werden, auf dem er, wie in der Bibel die Jünger Christi, drei Hütten bauen wolle, »dem Psalter eine, dem Propheten eine und dem Aesopo

[Äsop, (angeblich) griechischer Dichter aus dem 6. Jh. v. Chr.; berühmt für seine Gleichnisse und (Tier-)Fabeln]

eine«. Er plant damit eine Auslegung der ersten 25 Psalmen, einen Kommentar zu den Büchern der Propheten und – überraschenderweise – eine Übersetzung der Fabeln des Äsop, die er für die Predigt und den Unterricht nutzbar machen will.

Für die Auszeit auf der Burg nimmt er »eine Kiste mit Büchern und Papieren« mit; wieder wird sie ihm zu einer Phase gesteigerter literarischer Produktivität. »Zur Stille«, so teilt er dem Freund voller Freude mit, »fehlt nichts, da das ganze große Haus, so auf der Veste ist, mir zu Diensten ist und ich die Schlüssel zu allen Gemächern habe. Es sollen hier mehr als 30 Leute Dienstbrot essen, unter ihnen wachen 12 zur Nachtzeit; auch blasen zwei Wächter auf den Thürmen. Gottes Gnade sei mit euch. Amen. Aus dem Reiche der Vögel um 3 Uhr, den 22. April, 1530.«[65]

Trotz erneut auftretender gesundheitlicher Störungen wie »Sausen im Kopf« entsteht in dieser Phase, abgesehen von einer umfangreichen Korrespondenz und einer Reihe kleinerer Schriften der berühmte *»Sendbrief vom Dolmetschen«*, mit dem Luther sehr deutlich auf die Kritik an seiner Bibelübersetzung reagiert. Die Frage, ob man beim Übersetzen eher buchstabengetreu oder allgemein verständlich vorgehen solle, beantwortet er mit einem Beispiel aus der populären Verkündigungsszene an Maria: »Item, da der Engel Mariam grüßet und spricht: ›Gegrüßet seist du, Maria voll der Gnaden, der Herr mit dir.‹ Nun wohl, so ist's bisher einfach den lateinischen Buchstaben nach verdeutschet. Sage mir aber, ob solches auch gutes Deutsch sei? Wo redet der deutsch Mann so: du bist voll Gnaden?

Und welcher Deutsche verstehet, was das heißt, voll Gnaden? Er muß denken an ein Fass voll Bier, oder Beutel voll Geldes. Darum hab ich's verdeutscht: Du Holdselige, worunter ein Deutscher sich viel eher vorstellen kann, was der Engel meinet mit seinem Gruß.«[66]

Besonders bezeichnend für ihn ist, wie selbst hier, auf einer Reise, die in einen statischen Zustand mündet, sein Blick für das Besondere die Phantasie anregt. Wie der Hl. Franziskus (und vielleicht inspiriert durch die Tierfabeln des Äsop) beobachtet Luther die Vögel und überträgt deren Verhalten auf die aktuelle politische Situation: »Denn es ist ein Rubet [Brombeergesträuch] gleich vor unserm Fenster hinunter«, so berichtet er den Tischgesellen nach Wittenberg, »wie ein kleiner Wald, da haben die Dohle und Krähen einen Reichstag hingelegt, da ist ein solches Zu- und Abreiten, ein solch Geschrei Tag und Nacht ohne Aufhören, als wären sie alle trunken, voll und toll. (...) Ich habe ihren Kaiser noch nicht gesehen, aber sonst schweben und schwänzen der Adel und großen Hansen [die hohen Herren] immer vor unsern Augen, nicht fast köstlich gekleidet, sondern einfältig in einerlei Farbe alle gleich schwarz und alle gleich grauaugig; singen alle gleich einen Gesang, doch mit lieblichem Unterschied der Jungen und der Alten, Großen und Kleinen. Sie achten auch nicht der Großen Palast und Saal, denn ihr Saal ist gewölbet mit dem schönen weiten Himmel, ihr Boden ist eitel Feld, getäfelt mit hübschen, grünen Zweigen, so sind die Wände so weit als der Welt Ende. Sie fragen auch nichts nach Rossen und Harnisch, sie haben gefiederte Räder, damit sie auch den Büchsen entfliehen. Es sind große, mächtige Herren, was sie aber beschließen, weiß ich noch nicht. Also sitzen wir hie im Reichstag, hören und sehen zu mit großer Lust und Liebe, wie die Fürsten und Herrn sammt andern Ständen des Reichs so singen und wohlleben« – für Luther verkörpern die Vögel die »Sophisten und Papisten mit ihrem predigen und schreiben«.[67]

Auch meteorologische Phänomene regen ihn an: »Ich habe«, so schreibt Luther am 5. August 1530 an den Kanzler des Kurfürsten, Gregor von Brück, »neulich zwei Wunder gesehen: das erste, da ich zum Fenster hinaus sah, die Sterne am Himmel und das ganze schöne Gewölb Gottes, und sah doch nirgend keine Pfeiler, darauf der Meister solch Gewölb gesetzt hatte, noch fiel der Himmel nicht ein und steht auch solch Gewölb noch fest. Das andere, ich sah auch große, dicke Wolken über uns schweben, mit solcher Last, dass sie mochten einem großen Meer zu vergleichen sein, und sah doch keinen Boden, darauf sie ruhten oder fußten, noch keine Kufen, darein sie gefasst wären, und fielen sie dennoch nicht auf uns, sondern grüßeten uns mit einem sauren Angesicht und flohen davon« – nur ein dünner Regenbogen habe sie gehalten. »Unser Regenbogen ist schwach«, so überträgt er die Naturphänomene auf die religionspolitische Lage, »ihre Wolken sind mächtig, aber der Ausgang wird's lehren.«[68]

Ende 1530 wird er zu hochpolitischen Verhandlungen nach Schmalkalden gerufen. Auf dem Rückweg begleiten ihn, mit Rücksicht auf wechselnde Territorialgrenzen, vierzig bewaffnete Reiter.[69] Am 31. Januar 1537 reist er erneut zu einem der protestantischen

»Fürstentage« nach Schmalkalden, an dem neben zahlreichen protestantisch gesinnten Fürsten und Grafen Gesandte des Kaisers, des Papstes, des französischen und dänischen Königs, Vertreter von achtundzwanzig Reichs- und Hansestädten sowie mehr als vierzig evangelische Theologen teilnehmen. Er wohnt im Haus des hessischen Rentmeisters Balthasar Wilhelm und beteiligt sich mit einer Reihe von Thesen, die als *»Schmalkaldische Artikel«* zu einer Bekenntnisschrift der Evangelischen Kirche wurden.

Wegen eines schmerzhaften Blasenleidens bringt ihn am 26. Februar ein Wagen des Kurfürsten nach Hause. Zu Pfingsten 1531 ist Luthers Anwesenheit zur Einführung der Reformation in Leipzig gefragt, und am 4. Mai desselben Jahres wird er aufgefordert, am nächsten Tag in die circa sechzig Kilometer entfernte kurfürstliche Residenz nach Torgau zu kommen und dort zu predigen.

In der Zwischenzeit aber hatte sich nicht nur der Radius, sondern auch der Kontext seiner Reisen verändert. Am 13. Juni 1525 heiratete Luther, im fortgeschrittenen Alter von 41 Jahren, die 15 Jahre jüngere Katharina von Bora. Sie entstammte einem verarmten sächsischen Adelsgeschlecht und war eine der vielen Nonnen, die mit der reformatorisch bedingten Selbstauflösung der Klöster heimat- und beschäftigungslos geworden waren. Zwar war sie, zusammen mit acht weiteren Ordensschwestern, aus ihrem Zisterzienserinnenkloster Marienthron in Nimbschen bei Grimma durch einen Freund Luthers regelrecht entführt worden – doch drohte den Nonnen dafür die Todesstrafe. In den meisten Fällen waren die

Porträts Lucas Cranachs des Älteren von Luther und seiner Ehefrau Katharina von Bora aus den Jahren 1526 (links) und 1529 (rechts)

Familien dieser Frauen deshalb (und weil sie für die lebenslange Versorgung ihrer Töchter im Kloster meist eine beträchtliche Summe hatten zahlen müssen) nicht bereit, die Frauen wieder aufzunehmen.

Luther fühlte sich für das Überleben der Nonnen verantwortlich, die sich wegen ihrer Begeisterung für seine Schriften entschlossen hatten, das Kloster zu verlassen. Während ehemalige Mönche oft als reformatorische Prediger eine Anstellung fanden, mussten Frauen heiraten, um finanziell versorgt zu sein. Nachdem Luther unter seinen Freunden und Bekannten bereits mehrere Ehen arrangiert hatte, blieb noch Katharina von Bora übrig. Sie war im Malerhaushalt Cranach untergekommen und hatte sich dort in den Nürnberger Patriziersohn Hieronymus Baumgartner verliebt, dessen Eltern jedoch eine Heirat mit einer entlaufenen Nonne offenbar nicht tolerierten. Die »Sitzengelassene« entschied sich schließlich für Luther oder – darüber ist sich die For-

schung nicht einig – er für sie. Luthers Gegner nutzten die überraschende Heirat des Reformators zu einer heftigen Propaganda-Offensive, in deren Mittelpunkt die »treulose, meineidige, entlaufene Hure« Katharina stand. Aber auch Luthers Freunde reagierten negativ, fühlten sich verraten, warfen ihm vor, er habe sich von den Nonnen umgarnen lassen.[70]

Nach der Trauung durch Luthers Kollegen Bugenhagen im inzwischen verwaisten »Schwarzen Kloster« der Augustiner konnte das Paar mit Erlaubnis des Kurfürsten dort seinen Wohnsitz nehmen. Der ehemalige Mönch entwickelte sich zu einem erstaunlich hingebungsvollen Ehemann, der es seiner offenbar sehr selbstbewussten Frau überließ, die wirtschaftliche Grundlage für die Familie zu sichern. »Die Lutherin« führte den Haushalt energisch und selbständig, beteiligte sich aber auch – des Lateinischen mächtig – an den theologischen Tischgesprächen ihres Mannes. Bierbrauen, Viehzucht, ausgedehnte Nutzgärten und ein Wohnheim für etwa zwanzig Studenten sicherten das Überleben der beständig wachsenden Familie. Luther nahm seine Lehrtätigkeit wieder auf, er schrieb, predigte – oder er unternahm Dienstreisen.

Zahlreiche Reisebriefe sind nicht nur gut gelaunt »meiner herzlieben Käthe Doctorin Lutherin und Frauen auf dem neuen Saumarkt«, »meiner freundlichen, lieben Hausfrau Katharina Luther von Bora, Predigerin, Brauerin, Gärtnerin, und was sie mehr sein mag«, »der tiefgelehrten Frauen Katherin Lutherin, meiner gnädigen Hausfrauen zu Wittenberg«, »meiner gnädigen Frauen zu Handen und Füßen« gewidmet, sondern auch an »meinen freundlichen lieben Herrn, Frau Katharina von Bora, Doctorin Lutherin zu Wittenberg« oder an »Herrn Käthe« gerichtet, während er selbst mit »dein Liebchen« oder »Martinus Luther, dein Herzliebchen« unterzeichnet. Drei Söhne und drei Töchter wurden in den folgenden zehn Jahren geboren, von denen vier ein höheres Alter erreichten. Die Sorge um die Erziehung der Kinder und den – durch Katharinas verwaiste Nichten und Neffen noch vergrößerten – Haushalt bestimmt von nun an auch seine Gedanken, wenn er unterwegs ist. So schreibt er ihr 1532 aus Torgau: »Ich kann in dieser Stadt, wiewohl jetzt Jahrmarkt ist, nichts finden zu kaufen für die Kinder.«[71] Sie solle ihm doch »etwas Vorraths« an Mitbringseln anlegen. Das eigene leibliche Wohl ist ihm ebenfalls wichtiger als früher: Immer wieder verraten ausführliche Briefpassagen den Spaß am Essen und Trinken, die Sorge um den richtigen Wein, das beste Bier.

»UMHERSCHWEIFEN UND DAS BETTELBROT ESSEN«:

Luthers letzte Reise

Porträt mit Lutherrose, Kupferstich (1548) von Melchior Lorck (um 1527 – nach 1583)

So geht es über Jahre weiter. Gotha, Eisenach, Weimar, Dessau, Leipzig, Merseburg hießen nun die Ziele und Stationen. Allein in Torgau ist er, so hat man ausgerechnet, insgesamt etwa vierzigmal gewesen. Bei jedem Besuch verehrte ihm der Stadtrat einen »Ehrentrunk«: Rheinwein, Met oder ein Fass Bier.[72] 1544 wurde mit der neuen evangelischen Schlosskapelle hier der erste Kirchenbau eingeweiht, der Luthers Vorstellungen einer neuen Sakralarchitektur entsprach; und es war selbstverständlich, dass der Reformator die erste Predigt hielt. Die nach Luthers Angaben errichtete und von Cranach ausgestattete Kirche ist als Saal mit zwei Emporengeschossen und zentraler Kanzel eingerichtet.

Doch aller äußerer Anerkennung zum Trotz sind Luthers letzte Lebensjahre von Klagen erfüllt. Das betrifft auch die Reisen. Sein Gesundheitszustand hatte sich seit Mitte der 30er-Jahre kontinuierlich verschlechtert; er litt an Nieren- und Blasensteinen sowie Arthritis. Am 27. August 1544 schreibt er in einem Brief an Johann von Anhalt, er sei »so müde des farens, dass ich nicht gehen noch stehen kann, schier auch sitzens überdrüssig«[73]. Zudem waren jetzt auch die Anlässe für die Reisen oft unerfreulich: Meist waren es Auseinandersetzungen zwischen Reformatoren, die er schlichten musste oder in die er selbst verwickelt wurde. Zahlreiche brieflich überlieferte Klagen aus den letzten Jahren lassen erkennen, dass Luther das Gefühl hatte, alle Anstrengung sei umsonst gewesen; sein Lebenswerk entgleite ihm. Selbst in Wittenberg fühlt er sich nicht mehr wohl. 1543 sieht er sich veranlasst, in der Stadtkirche gegen verlotterte Jugend, die »Hurn- und Speckstudenten«[74] zu predigen. Am liebsten würde er, so schreibt er 1545 von einer Reise zu Schlichtungsgesprächen zwischen zerstrittenen Reformatoren aus Leipzig an seine Frau, gar nicht mehr nach Wittenberg zurückkommen: »Mein Herz ist erkaltet, dass ich nicht mehr gern da bin, wollt auch, dass du verkauftest Garten und Hufe, Haus und Hof; so wollt ich meinem gnädigen Herrn das große Haus wieder schenken.« Käthe solle sich auf ihr kleines Familiengut Zulsdorf bei Leipzig, das Luther 1540 seinem Schwager abgekauft hatte, zurückziehen, so lange er noch lebe, denn dann könne er ihr »mit dem Solde wohl helfen das Gütlein zu bessern. (...) Nur weg und aus dieser Sodoma! Ich habe auf dem Lande mehr gehört, denn ich zu Wittenberg erfahre, darum ich der Stadt müde bin und nicht wieder kommen will, da mir Gott zu helfe. Übermorgen werde ich gen Merseburg fahren, denn Fürst Georg hat mich sehr darum lassen bitten. Will also umherschweifen und eher das Bettelbrot essen, ehe ich meine armen, alten letzten Tage mit dem unordigen Wesen zu Wittenberg martern und verunruhigen will, mit Verlust meiner sauren, theuren Arbeit.«[75] Nicht ein anderer Wohnsitz, sondern »umherschweifen« ist für Luther die Alternative. Doch gelang es dem Kurfürsten mithilfe des als Vermittler eingesetzten Leibarztes, ihn zu besänftigen und ihn wieder mit Wittenberg zu versöhnen.

Als Luther 1545 noch einmal an anderem Ort gebraucht wurde, begab er sich erneut auf Reisen. Alte Anhänglichkeit an seine Heimat, aber auch die Interessen seiner im Mansfelder Land ansässigen Verwandten brachten Luther dazu, sich noch einmal für die Dinge anderer zu engagieren: »Denn, nachdem ich auch ein Mansfeldisch Kind bin, hab ich doch solch meines lieben Vaterlandes und der Herrschaft Unsal [Unheil] und (ge)fährlichen Zustand nicht können ertragen.«[76] Bereits seit Jahren hatte er die von den Grafen unternommene Neuausrichtung des Kupferbergbaus kritisch verfolgt, die eine Maximierung des eigenen Gewinns und die Verdrängung der selbständigen Hüttenmeister zum Ziel hatte. 1545 waren die drei Linien des Hauses Mansfeld aus meh-

Stadtansicht Wittenbergs, kolorierter Holzschnitt (um 1558) aus der Cranach-Werkstatt

gegenüber:
Lutherbibel, Wittemberg 1584, Auszug aus dem »Buch der Sprüche« (18,20–21,1)

reren Gründen, zu denen auch konfessionelle Unterschiede gehörten, völlig zerstritten. Luther bot sich als Schlichter an. Die erste, im Oktober 1545 mit den alten Freunden Melanchthon und Jonas unternommene Reise ins Mansfelder Land verlief ergebnislos; immerhin waren die zerstrittenen Parteien zu Verhandlungen bereit.

Am 22. Dezember 1545 brach man erneut auf. Gemeinsam wurden die Weihnachtstage auf Schloss Mansfeld verlebt. Aber dann erkrankte Melanchthon so schwer, dass die Gruppe nach Wittenberg zurückkehren musste. Auf der Rückreise predigte Luther am 6. Januar 1546 in der Marienkirche in Halle, am 7. traf er wieder zu Hause ein. Am 23. Januar wurde ein erneuter Versuch unternommen – diesmal fuhr Luther in Begleitung seiner drei Söhne, deren Erzieher und seines Gehilfen Johannes Aurifaber. Zu-

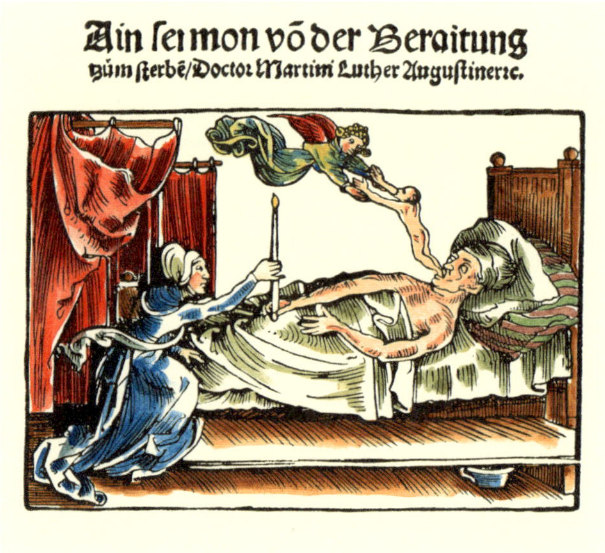

Abholung der Seele eines Sterbenden durch einen Engel, aus Luthers »Ain Sermon vo der Beraitung zum sterbe«, später kolorierter Titelholzschnitt, Augsburg 1520

feste Stad / Vnd die fur einander streiten/wie riegel am schlos.

Eim Man wird vergolten darnach sein mund gered hat / Vnd wird gesettiget von der frucht seiner lippen.

Tod vnd Leben stehet in der zungen gewalt/Wer sie liebet/der wird von jrer frucht essen.

Wer ein Ehefraw findet / der findet was guts / Vnd schepfft segen vom HERRN.

Ein Armer redet mit flehen/Ein Reicher antwortet stoltz.

Fremde thun mehr guts/ denn eigene Freunde.

Ein trewer Freund liebet mehr / Vnd stehet fester bey / denn ein Bruder.

XIX.

Infr. 28.

EIn Armer der in seiner fromkeit wandelt / Ist besser denn ein Verkereter mit seinen lippen/ der doch ein Narr ist.

(Nicht wol) Denn einer mus den andern dulden.

Wo man nicht mit vernunfft handelt/ da gehets nicht wol zu / Vnd wer schnel ist mit füssen / der thut schaden.

Die torheit eines Menschen verleitet seinen weg/ Das sein hertz wider den HERRN tobet.

Gut macht viel Freunde / Aber der Arme wird von seinen Freunden verlassen.

Ein falscher Zeuge bleibt nicht vngestrafft/Vnd wer Lügen frech redet/ wird nicht entrinnen.

Viel warten auff die person des Fürsten/Vnd sind alle Freunde des/der Geschencke gibt.

Den Armen hassen alle seine brüder/ Ja auch seine Freunde fernen sich von jm / Vnd wer sich auff wort verlesst / dem wird nichts.

(Liebt) Er hütet sich fur ferligkeit/ Trawet den menschen nicht in jren guten worten.

Wer Klug ist / liebet sein leben / Vnd der Verstendige findet guts.

Ein falscher Zeuge bleibt nicht vngestrafft / Vnd wer frech lügen redet/ wird vmbkomen.

Dem Narren stehet nicht wol an/gute tage habē/Viel weniger eim Knecht zu herrschen vber Fürsten.

(Gedültig) Wer wol verhören kan / wil weise werden.

Wer Gedültig ist / der ist ein kluger Mensch / Vnd ist jm ehrlich / das er vntugent vberhören kan.

(Königes) Rom. 13. Er tregt nicht vmb sonst das schwert.

Die vngnade des Königes ist wie das brüllen eins jungen Lewen/Aber seine gnade ist wie taw auff dem grase.

Ein nerrischer Son ist seines Vaters hertzenleid / Vnd ein zenckisch Weib ein stetigs trieffen.

Haus vnd Güter erben die Eltern / Aber ein vernünfftig Weib kompt vom HERRN.

Faulheit bringt schlaffen / Vnd ein müssige Seele wird hunger leiden.

Wer das Gebot bewaret / der bewaret sein leben/Wer aber seinen wege veracht / wird sterben.

(Sterben) Er kompt Meister Hansen in die hende/ vnd an den Galgen. Denn vngehorsame kinder entlauffen jm nicht.

Wer sich des Armen erbarmet / der leihet dem HERRN / Der wird jm wider Guts vergelten.

Züchtige deinen Son weil hoffnung da ist / Aber las deine Seele nicht bewegt werden jn zu tödten.

Denn grosser grim bringt schaden / Darumb las jn los / so kanstu jn mehr züchtigen.

Gehorche dem Rat/vnd nim die zucht an / Das du hernach weise seiest.

Es sind viel anschlege in eins Mans hertzen / Aber der Rat des HERRN bleibt stehen.

Ein Menschen ziert seine wolthat / Vnd ein Armer ist besser denn ein Lügener.

Die furcht des HERRN foddert zum leben / Vnd wird satt bleiben / das kein vbels sie heimsuchen wird.

Der Faule verbirget seine hand im topffe / Vnd bringt sie nicht wider zum [a] munde.

[a] (Zum munde) Wie man spricht/Er ist so faul das er fur faulheit nicht essen mag/weñ er gleich die hand in der schüssel, oder das essen fur sich hat. Das sind Lerer/Regirer/ Gesinde so jr Ampt lassen/ob sie es wol künden leichtlich ausrichten.

Schlehet man den Spötter / so wird der Alber witzig / Strafft man einen Verstendigen / so wird er vernünfftig.

Wer Vater verstöret / vnd Mutter veriagt / Der ist ein schendlich vnd verflucht Kind.

Las ab mein Son zu hören die zucht/ Die da abfüret von vernünfftiger Lere.

Ein loser Zeuge spottet des Gerichts/ Vnd der Gottlosen Mund verschlinget das vnrecht.

Den [b] Spöttern sind straffe bereitet/ Vnd schlege auff der Narren rücken.

[b] (Spöttern) Vngehorsam/ lose buben/ mus Meister Hans steupen/ Da hin komen sie gewis.

XX.

DEr Wein macht lose Leute / vnd starck getrencke macht wilde / Wer dazu lust hat/ wird nimer Weise.

(Wilde) Das ist/ Asotia illa Ephe. 5. Sauffi euch nicht vol weins/ daraus ein vnordig oder wild wesen folget.

Das schrecken des Königes ist wie das brüllen eins jungen Lewen / Wer jn erzürnet/

nächst übernachteten sie in Bitterfeld, ein zweites Mal im Haus »Zum Goldenen Schlösschen« in der Schmeerstraße 2, in dem auch Luthers Freund Justus Jonas wohnte. Die Weiterfahrt wurde zunächst durch schlechtes Wetter und hohe Eisschollen auf der Saale, die bei Halle zu überqueren war, verhindert. Luther tröstet sich, wie er seiner Frau schreibt, mit gutem Bier aus Torgau und hervorragendem Rheinwein. Erst am 28. Januar 1546 kam Hilfe aus Mansfeld: Berichte sprechen von sechzig, mal auch von mehr als hundert Reitern, die Luther entgegengeschickt wurden.[77] Auf drei zusammengebundenen Kähnen wird die Reisegesellschaft schließlich ans andere Ufer gebracht. Auf dem Weg erleidet Luther in der Kutsche einen Schwächeanfall. In Eisleben wird er im Drachstedtschen Haus untergebracht, das damals der Stadtschreiber Johann Albrecht bewohnte, in dem auch die Verhandlungen mit den Mansfelder Grafen stattfinden. Mehrfach predigt Luther in den rund zwei Wochen, die er während der mühsamen, langwierigen Verhandlungen in Eisleben verbrachte, noch in der Andreaskirche. Am 17. Februar wird, schon nicht mehr im Beisein des erkrankten Luther, ein Einigungsvertrag unterzeichnet.

Am 18. Februar 1546 stirbt der bettlägerige Reformator, auf einer Reise – und in dem Ort, in dem er am 10. November 1483 geboren worden war.

***

LITERATUR UND ANMERKUNGEN

BAUER, JOACHIM: *Martin Luther. Seine letzte Reise.* Rudolstadt (Gerhard Seichter), 1996

BEUTEL, ALBRECHT: *Martin Luther. Eine Einführung in Leben, Werk und Wirkung.* Leipzig (Ev. Verlagsanstalt), 2006

DITHMAR, REINHARD: *Durch Gottes Gnade bin ich wohlauf. Martin Luthers Leben in seinen Briefen.* Leipzig (Ev. Verlagsanstalt), 2008

DÜRER, ALBRECHT: Tagebuch der Reise in die Niederlande. In: Ders.: *Schriften und Briefe.* Leipzig (Reclam), 1978

ENDELL, FRITZ: *Mit Luther auf Reisen.* München (Paul Müller Verlag), 1937

FELDMANN, CHRISTIAN: *Martin Luther.* Reinbek bei Hamburg (Rowohlt), 2009

FRIEDENTHAL, RICHARD: *Luther. Sein Leben und seine Zeit.* München (Piper), 1967

Katalog: *Martin Luther und die Reformation in Deutschland.* Frankfurt am Main (Insel), 1983

LEPPIN, VOLKER: *Martin Luther.* (Gestalten des Mittelalters und der Renaissance) Darmstadt 2006

MARTIN LUTHER: *Werke. Kritische Gesamtausgabe.* Weimar, 1883–2009 (= *Weimarer Ausgabe*, kurz WA)

Ders.: *Weimarer Ausgabe, Abteilung Tischreden*

Ders.: *Sendbrief vom Dolmetschen.* Stuttgart (Reclam), 2005

Luther-Briefe, in Auswahl und Übersetzung, hg, v. Carl Alfred Hase. Leipzig (Breitkopf und Härtel), 1878

RICHTER, DIETER: *Der Süden. Geschichte einer Himmelsrichtung.* Berlin (Wagenbach), 2009

THOMAS, RALF: Luthers Reisen von Wittenberg nach der südlichen Region des kursächsischen Landesstaates. Territorialpolitische und verkehrsgeographische Beobachtungen im Raum Eilenburg – Wurzen – Grimma. In: *Herbergen der Christenheit,* Bd. 13, 1981/82 (= Jb. f. dt. Kirchengeschichte), S. 44–56

TOMLIN, GRAHAM: *Luther und seine Welt.* Freiburg (Herder), 2007

TREU, MARTIN: *Katharina von Bora. Biografien zur Reformation.* Wittenberg (Drei Kastanien Verlag), 1995

VOSSBERG, HERBERT: *Im Heiligen Rom. Luthers Reiseeindrücke 1510–11.* Berlin (Ev. Verlagsanstalt), 1966

1 Dürer, Schriften u. Briefe, 63
2 Leppin 2006, 32
3 Das Folgende verdankt sich wesentlich der Darstellung bei Vossberg 1966.
4 Ebd.
5 Ebd.
6 Vossberg 1966, 16
7 Luthers Tischreden, 6250
8 Vossberg 1966, 18
9 Tischreden 5, 6242
10 Ebd.
11 Vossberg 1966, 23
12 Tischreden 5, 6266
13 Vossberg 1966, 24 f.
14 Tischreden 3, 6360
15 Vossberg 1966, 25
16 Tischreden 5, 6360
17 Vossberg 1966, 31
18 Ebd.
19 Brief an Albrecht v. Brandenburg, 31. 10. 1517, in: Dithmar 2008, 15
20 Vossberg 1966, 34
21 Beutel 2006, 51
22 Tischreden 6, 7035.
23 Vossberg 1966, 51
24 Beutel 2006, 53; Endell 1937, 19
25 Vossberg 1966, 89
26 Ebd., 60
27 Richter 2009, 81
28 Vossberg 1966, 51
29 Ebd., 99
30 Ebd.
31 Ebd., 93
32 Ebd., 102
33 Ebd., 80
34 Ebd., 79
35 Ebd., 78
36 Ebd., 77
37 Ebd, 78
38 Ebd., 109 f.
39 Ebd, 108 f.
40 Ebd., 117
41 WA XXXVII, 434, 23 (1534)
42 Vossberg 1966, 131
43 Kath. Reformation, 164
44 Dithmar 2008, 16
45 Endell 1937, 33
46 Ebd.
47 Ebd., 35
48 Tomlin 2007, 35
49 Endell 1937, 37
50 Tischreden 5, 68
51 Endell 1937, 41
52 Ebd., 40
53 Beutel 2006, 93
54 Dürer, Tagebuch, 90
55 Friedenthal 1967, 363 f.
56 Endell 1937, 44 f.
57 Luther, Sendbrief, 160 f.
58 Die Welt online, 25. 01. 2008
59 Thomas 1981/82, 57
60 Ebd., 59 f.
61 Leppin 2006, 232 ff.
62 Ebd., 234
63 Thomas 1981/82, 58 f.
64 Luther-Briefe, 213 f.
65 Ebd.
66 Luther, Sendbrief, 162
67 Luther-Briefe, 214 ff.
68 Ebd., 232 ff.
69 Thomas 1981/82, 59
70 Treu 1995, 31 ff.
71 Luther-Briefe, 257
72 Endell 1937, 47
73 Thomas 1981/82, 58
74 Bauer 1996, 8
75 Luther-Briefe, 409 f.
76 Bauer 1996, 14
77 Ebd. 20 f.

Willkommen woanders –
willkommen bei CORSO.

Die Reise als Versuch, alles zu erfahren – das Leben, die Welt, sich selber«, schrieb Ryszard Kapuściński, der große Reporter.
Die Reise – ist sie nicht immer auch der Versuch, aus unserem Alltag aufzubrechen auf der Suche nach neuen, authentischen Erfahrungen, nach Erlebnissen und Anregungen?
Die Reise – folgt sie nicht auch der Sehnsucht, uns in der Begegnung mit dem Fremden selbst besser zu verstehen und vielfältig kulturell zu bereichern?
Reisen bleibt eine Fahrt ins Offene, die Suche nach neuen Horizonten, nach Sinnstiftung und Erkenntnis, nach *Welterfahrung und Herzensbildung*.

Wir halten *Neugier* für eine Tugend und glauben, dass die Welt noch lange nicht rund ist. Und ohne ein Verständnis von *Kultur* und *Geschichte* auch nicht runder wird.

Deshalb streift unser Programm durch verschiedene Kontinente, reisen unsere Bücher durch verschiedene Länder, die Literatur, Kunst und Geschichte heißen. Jedes Buch auf seine Art. Unsere Bücher sind *Flaneure*, die auch optische Eindrücke von ihren Reisen mitbringen: Jedes erscheint mit Bildern.

Wir freuen uns, wenn Sie sich für den Verlag, seine Autoren und Ideen, Themen und Bücher interessieren – informieren Sie sich doch bitte unter *www.corso-willkommen.de*.
Gerne können Sie uns auch anrufen (040/226 33 40) oder uns eine Postkarte (Gaußstraße 124–126, 22765 Hamburg) oder Mail (info@corso-willkommen.de) schicken: Wir senden Ihnen frei Haus und stante pede »CORSO*mundo*«, unser halbjährliches Magazin mit Leseproben aus den neuen Büchern, zahlreichen Bildern und einiges mehr von Diesunddas.

CORSO

corso*libro* 5
KAREN MICHELS
Martin Luther –
Die Lektionen der Straße

1. AUFLAGE IM SEPTEMBER 2010

GAUSSSTRASSE 124–126, 22765 HAMBURG

DER UMSCHLAG VERWENDET DAS MOTIV
»LUTHER IM GESPRÄCH MIT EINEM BAUERN«
© FÜR DIE ABBBILDUNGEN:
ARCHIV FÜR KUNST UND GESCHICHTE, BERLIN;
BPK – BILDAGENTUR FÜR KUNST, KULTUR UND GESCHICHTE
(S. 37, 41); INTERFOTO (S. 19)

AUSSTATTUNG / GESTALTUNG:
GROOTHUIS, LOHFERT, CONSORTEN | GLCONS.DE
GESETZT AUS DER FAIRFIELD
LITHOGRAFIE: EDELWEISS PUBLISH, HAMBURG
GEDRUCKT AUF SCHLEIPEN FLY DURCH GUTENBERG BEUYS, HANNOVER
UND GEBUNDEN VON INTEGRALIS, HANNOVER

ISBN 978-3-86260-004-5

MEHR ÜBER IDEEN, AUTOREN UND PROGRAMM DES VERLAGES
FINDEN SIE AUF
WWW.CORSO-WILLKOMMEN.DE